観光・レジャーによる
アジアの地域振興

山口有次
戸崎　肇　編著

芦書房

はしがき

二〇一九年に桜美林大学ビジネスマネジメント学群は、町田本キャンパスから新宿に拠点を移し、その地の利を生かしながら、多面的な活動を活発に展開している。その大きな特徴の一つに観光・レジャーといったエンターテインメント系の教育体制の充実があり、これに対する社会的評価も高い。このビジネスマネジメント学群の教員が本書執筆の中心的メンバーである。さらに、この分野で顕著な活躍をされているアジア近隣国の方に参加していただいた。このような人脈をもつところもビジネスマネジメント学群の強みである。

観光・レジャー産業は平和時でなければ成立しないし、逆に観光・レジャーを通して平和な社会を構築していくことも可能である。一方、日本では労働力人口の減少が進み、円高と相まって、従来の製造業中心の産業構造から第三次産業への主軸の転換が図られている。そうしたなかで観光・レジャー産業はもっとも将来性の高い成長分野に位置づけられている。

観光・レジャー産業がいかに平和の構築、そして経済・社会の発展にとって重要であるかを本書によってご理解いただき、より多くの人々がその成長をご支援くださることを願っている。さらに、この業界で働きたいと願う人が増えていくことを期待している。

ここで本書の発刊に至る経緯について一言触れさせていただきたい。本書は、ユーラシア財団 from Asia による、桜美林大学ビジネスマネジメント学群での助成講座「ビジネストピックス（観光・レジャーによるアジア共同体の構築）」の講義内容をまとめたものである。

ユーラシア財団は、「アジア共同体の構築」をテーマに、アジアに限らず、全世界の大学において助成講座を展開してきた。国際化が進んでいるとはいえ、依然として各地では文化的・宗教的なさまざまな軋轢から紛争が発生している。このような状況下において、ユーラシア財団の取り組みは、尊い「平和」を定常化するための貴重な国際的社会貢献である。こうした取り組みに桜美林大学ビジネスマネジメント学群も、その特徴を活かして参加・貢献することになったのである。

最後に、こうした助成講座の開催、そして出版の機会を与えていただいたユーラシア財団、ならびに芦書房の中山元春社長に深く感謝する次第である。

編著者　山口有次
同　戸崎　肇

もくじ

第1章 アジアにおける観光の重要性と日本の観光戦略 9　戸崎　肇
1　アジアの多様性―アジアのプレゼンスの高まり―　9
2　観光の社会的意義　10
3　日本における観光立国化の推進とその結果生じた問題　14
4　新型コロナウイルス禍の影響　18
5　新型コロナウイルス禍後の観光政策・観光産業　24

第2章 アジア近隣諸国の観光・レジャー活動の現状と国際交流の活発化 29　山口有次
1　観光・レジャーを楽しむことの概念的位置づけ　29
2　日本人の観光旅行需要と出入国バランス　31

3 モンゴル国における観光・レジャー活動の現状と需要 33
4 韓国における観光・レジャー活動の現状と需要 38
5 中国における観光・レジャー活動の現状と需要 43
6 ベトナムにおける観光・レジャー活動の現状と需要 49
7 アジア地域における観光・レジャー活動をつうじた国際交流の活発化 54

第3章 東アジア地域経済統合とワンアジア 57 ド・マン・ホーン
1 地域経済統合に関わる諸理論とワンアジア構想 58
2 東アジア地域経済統合の実態 71
3 アジア共同体の構築に向けて 87
4 ワンアジアの将来に向けて 90

第4章 中国旅行業の発展の特徴と日本旅行 97 董 光哲
1 「改革・開放」と中国旅行業の発展 97

2 中国国内における旅行業活性化とインフラ整備 101
3 中国旅行客の属性と特徴 103
4 中国の旅行客と日本旅行 108

第5章 日本のコンテンツ産業と中国のアニメ配信ビジネス 117 下島康史
1 二〇一〇年当時の日本のコンテンツ産業が抱えていた課題 117
2 アジア・中国市場における日本アニメの需要拡大 119
3 中国におけるアニメ配信ビジネスの業界構造の変化 121
4 中国における日本アニメの過去・現在・未来 130

第6章 モンゴルの観光産業の現状と観光振興のための景観保全 133 シャグダルスレン・ズーナイ
1 モンゴルの基本情報 133

2 モンゴルの観光業界の歴史と現状 134
3 日本人のモンゴル観光 141
4 景観保全の取り組み 145
5 観光振興のためのその他の方策 150

第7章 東アジアの観光流動の特徴とコロナ禍から学ぶ国際観光振興 153

渡邉康洋

1 観光の分析 154
2 移動距離と旅行者 156
3 東アジアの国際観光 160
4 移動距離の旅行者への影響力 164
5 新型コロナウイルスと観光 168
6 withコロナ時代の新しい観光政策 170

もくじ

第8章　サービス・エンカウンターとこれからのホスピタリティ・ビジネス　173

五十嵐元一

1　モノやサービスを購入するということ　173
2　サービスによる価値の最大化　175
3　サービスの特性と品質評価　177
4　サービス・エンカウンター　179
5　サービス・マーケティング　181
6　これからのホスピタリティ・ビジネス　183

第1章 アジアにおける観光の重要性と日本の観光戦略

1 アジアの多様性―アジアのプレゼンスの高まり―

アジアは多様性に満ちた世界である。自然環境、歴史性、言語、宗教など、アジア各国は近接しているにもかかわらず、世界の他の地域以上に多様性に富んでいる。それゆえ、これまでアジア諸国はなかなかまとまりがとれないとされてきた。たとえばＡＳＥＡＮ（東南アジア諸国連合）は、歴史的・宗教的に共通性の高いＥＵ（欧州連合）に比べて結束力に欠けるとされてきた。その見解の背景には、アジアに対する「多様性」の認識がある。

その一方で、アジアは世界の経済成長を牽引するまでの大きな存在となった。それに伴って、国際政治におけるアジアのプレゼンスも大きなものとなってきた。そうであるからこそ、アジア域内の経済交流をさらに深め、政治的安定性を保持することは重要であり、さまざまな側面においてアジア各国が協調して物事を進めていくことが求められている。

その際に、地域としての特色として強みにもなり、同時に問題となりうるのは多様性である。第二次世界大戦を通した日本と周辺諸国との間の歴史的相克、イスラムが主流である国々とその他の国々との宗教的不寛容の問題などは（欧米に比べれば、その程度は軽微であるといっていいだろうが）、地域内での連帯を深めていく上で大きな障害となっている、あるいはなりうるものである。

この壁を乗り越え、相互理解を深めていく上で大きな貢献を果たすことが期待されるのが観光である。

2 観光の社会的意義

アジア域内の連携性を高めていく上で観光がなしうる貢献としては次のようなものが考えられる。

まず、人が互いに行き来することで経済が活性化されることである。観光客が買い物をしたり食事をしたり宿泊したりすることによって、観光地を中心に収益がもたらされる（ただし、発展途上国などにおいては、先進国の大手資本が投資してホテルなどが建設・運営されるような場合に、収益が本国に吸い上げられてしまい、地元にはその恩恵がほとんど還元されず、環境破壊だけが残されてしまう事例もあることが指摘されている）。

また、観光客がその土地に愛着を感じ、何度もそこを訪れるリピーターとなれば、この場所を他の人々にも口コミなどで宣伝してくれるようになることが期待でき、より多くの観光客を多額の広告費をかけることなく獲得することにもつながる。そして、リピーターとなった人が起業する力を持っていたり、あるいはすでに何らかのビジネスを展開しているならば、その地にビジネスが生み出され、あるいは展開されることによって新規雇用が生み出されることも期待できるだろう。

次に政治的な効果としては、国家間で何らかの理由により対立、あるいは不安定な状況が生じている場合に、観光は、そうした状況を打開するための鍵となりうることである。たとえば日本と周辺アジア諸国との場合を考えてみよう。第二次世界大戦を通して、日本と周辺アジア諸国との間には根深い相克が生じることとなった。これは現在に至るまで、政治的には解決が難しい問題となっていて、一部メディアや偏向した教育などによってむしろ問題性が強調され、深刻なものとされている面もある。こうした問題は、いちど人々の中に一定のイメージができてしまうと、それを変えることはなかなか難しくなり、解決の糸口が見いだせなくなってしまう。

これに対し、従来、上述のように、教育やさまざまなメディアなどの影響によって悪いイメージが形成されてきた国や地域であっても、実際にそこを訪れ、そこの人々と触れ合う経験を持つことで、その国に対する印象が劇的に変化することが多々ある（もちろん、文化的摩擦を体験することで、その逆のケースとなってしまうこともあることは周知のことであろう）。

特に精神的柔軟性の高い若い世代においては、訪れた国に対して好印象を抱く場合の方が多いのではないかと思われる。とりわけ、人生において初めて訪れた国に対する印象は大きいものとなる可能性が高く、また外から日本を見ることから視野が広がり、多様性を受けいれ、新しい発想を得、それを実践していくことで国の発展に貢献することが期待できる。そして、こうした若者たちが従来の歴史的相克を乗り越えてアジアを発展させていく原動力となっていくことが期待できる。

このような観点からすれば、海外から日本を訪れる観光客を意味する「インバウンド」の取り込みを重視することも重要だが、日本から海外に出ていく「アウトバウンド」、特に若者の数を増やしていくことにも従来以上に積極的に取り組まなければならない。

なぜなら、最近、海外に行きたいという若者の数が減っているからである。その理由として一般的に指摘されているのは、「英語、ないし外国語を話すのが大変である」、「お金がない」、「日本のような安全な国は他にはなく、危険な思いはしたくない」というものである。さらには、今日、規制緩和やLCCの普及などによる航空会社間の競争が激しくなることによって航空運賃も安くなり、渡航に関する諸手続きも簡素化された結果、外国に行くことが特別なことではなくなり、それがむしろ逆効果となって、若者を強く引きつける魅力的なものでなくなったこと、また、インターネットを始めとするさまざまなメディアによって海外の情報が容易に手に入るようになり、わざわざ海外に出かけていく理由が見出しがたくなっていることが挙げられるだろう。VR技術の発達によって、実にリアルに近い体験をVR機器によって味わうこともできる。しかし、リアルとバーチャルではその意味合いはまったく違うし、実際に海外に出かけてみないとわからないことは、どんなに情報技術が発達しても多く残るだろう。「日本は最も安全な国である」という考え方こそ、その典型であり、海外から日本が本当はどのように見られているのかを知ることは、これから真の国際化を進めていくためには極めて重要なことである（少子高齢化などの問題を抱えている日本は、労働力を確保していくためにも、今後さらに一層の国際化を推進していかなければならないという前提にたって、ここでは議論を進めたい)。

3 日本における観光立国化の推進とその結果生じた問題

戦後、日本はモノづくりにおいて世界的に高い評価を得、自動車、電化製品を中心に、製造業において国際市場を席捲してきた。しかし、一九八五年のプラザ合意以降、円高が進むことで交易条件が悪化し、製造業は生産拠点を海外に移転し、コストの削減を図ることによって国際競争力を維持しようとしてきた。それは確かに効果を挙げてきたが、同時に製造業だのみの経済成長戦略に対する問題意識が高まり、産業構造の在り方を見直そうという動きが生じてきた。

こうした流れに加え、一九八〇年代後半に発生したバブル経済の崩壊は、社会意識に大きな変化をもたらした。それまで、働くことが何よりも重要であり、余暇はまさに付け足しのようなもので、その重要性を語り、研究することは王道を外れたものであるという認識が学会の中でも主流であった(バブル経済の頃には「二四時間働けますか?」というCMがはやったのを覚えている方々も多いであろう。今進められている「働き方改革」、また過労死の問題に鑑みれば考えられないような時代状況を象徴するフレーズであるが、これが当時のある種の「常識」だったのである）。

こうした社会意識の変化は世界的な動きでもあった。一九八九年には、東西ドイツを分断していたベルリンの壁が民主化運動によって取り崩され、東西融合の流れが一気に加速された。さらに一九九一年にはソ連共産党が解党となり、東西冷戦構造はこれをもって終結することとなった。こうした展開を受け、フランシス・フクヤマは『歴史の終わり』という本を出版し、それまで歴史を動かす原動力となってきた東西のライバル関係を基にした競争が終焉を迎え、その後は個々人の興味・関心を追求することを通じた「個々の差別化」による存在理由の確認に人々は向かうことになるだろうと予言した。この指摘は、的を射たものであったと筆者は考えている。いわゆる「自分探し」ということが若者の間で盛んにいわれるようになったのも、その一つの現れではないかと考える。

こうした大きな社会的変容の中で、日本でも観光が再評価されることになる（ここで「再評価」としているのは、明治期、新政府が外貨獲得の手段として海外からの観光客の誘致に動いたことがあるからである）。それは、以上のような二つの側面によるものである。一つは製造業の限界、そしてもう一つは人々の価値観の変化に基づくものである。

日本において実際に政府が観光を国の成長戦略の一つとして位置づけて動き出したのは二〇〇〇年代に入ってからである。二〇〇八年に観光庁が設立され、それまで国土交通省のなかの一部門でしかなかった観光行政が独立した形で行われるようになった。そして二〇一三年からはタイやマレーシアなど、アジア諸国に対するビザの発給条件が緩和され、インバウンド観光客の誘致が実質的な効果を挙げていくようになった。この年を基点としてインバウンド観光客の数は飛躍的に伸びていくことになり、毎年四〇〇万人といったレベルで急激に増加していった。

当初、政府は二〇二〇年に二〇〇〇万人、二〇三〇年に四〇〇〇万人のインバウンド観光客を誘致することを目標として掲げていたが、予想以上にインバウンド旅客数が急激に増加したことを受け、早々に目標値を上方修正し、二〇二〇年に四〇〇〇万人、二〇三〇年に六〇〇〇万人のインバウンド旅客を誘致することを目指すことになった。二〇一七年度の段階ですでに二八六九万人に達していたこと、そして二〇二〇年には東京オリンピックの開催が予定されていたことから、二〇二〇年の目標達成は確実なものと思われた。

しかし、この頃からすでに異変が生じてきていた。二〇一八年九月に北海道で最大震度七の大規模地震が発生し、深刻な混乱状態がもたらされた。空港では多くの人々が滞留し、市内でも携帯電話が機能せず、観光客は難民のような状態となってしまった。北海道で地震が起こる直前には関西地方を超大型台風二一号が襲い、関西空港への連絡橋に突風に流されたタンカーが衝突して連絡橋が破損、人とモノの往来ができなくなり、関西空港は孤島と化した。しかも関西空港自体も滑走路やターミナルが冠水するなど、機能停止の状態となった。風雨などの自然災害における臨海空港が抱えるリスクについては二〇一一年の東日本大震災における仙台空港のケース（海に近い同空港は、津波による土砂によって敷地が覆われることになった）から警鐘が鳴らされていたはずであったが、それが十分に活かされていなかったものとして受け止めるべきであろう。

また、日韓関係も悪化し、韓国との間の人流が滞ることとなった。韓国の航空会社における内紛や航空政策をめぐる政治的背景もあったにせよ、とにかく日本にとってはインバウンド観光客の国別比率において中国とトップを争う韓国からの需要の低迷は、インバウンド誘致政策の展望に暗い影を落とすものとなった。

その後も九州を始めとする集中豪雨など、大規模自然災害が頻発したこともあり、二〇二〇年の四〇〇〇万人という目標達成については、次第に疑問視されるようになり、大手旅行会社もその可能性を明示的に否定するところとなっていった。

また、その一方で、オーバーツーリズムの問題も懸念されるようになった。あまりにも多くのインバウンド観光者が一時に殺到したことで、各地の観光地で人があふれ、自然・文化環境にマイナスの影響を与えるとともに、その地域に住む人々の日常生活に支障をきたすような事態が生じることとなったのである。たとえば、京都では、地元の人々が日常的に利用するバスが、大きな荷物を抱えた多くのインバウンド観光客によって「占領」されるような状況となり、バスが思うように利用できなくなり、移動が困難になるなどの問題が生じた。

4 新型コロナウイルス禍の影響

このような状況に追い打ちをかけることになったのが新型コロナウイルスの発生、その広がりである。二〇一九年一二月に中国武漢市で発生が報告された新型コロナウイルスは、二〇二〇年に入って中国国外にも広まっていった。日本では、豪華客船ダイヤモンドプリンセス号の船内で感染者が発生し、日本入港の際の措置をめぐって大きな社会的関心を集め、その対応の是非を巡って国際的にも激しい議論がなされたのが最初のリアクションとなった。

その後急速に国内で感染が広がっていき、マスコミは連日その状況をトップニュースとして伝え、日本全体が一種のパニック状態に陥っていった。政府によって緊急事態宣言が発令され、国民は不要不急の外出を控えるよう要請された。とはいえ、ヨーロッパなどに比べれば強制力の弱いものであった。実際、国際的に比較した場合、感染者の増加率は比較にならないぐらい日本は低いものであり（アジアには日本同様、それ以上に発生率が低い国も多い）、その要因は何なのかについてさまざまな見解がなされている。

新型コロナウイルスは世界的な広がりを見せ、二〇二〇年三月一二日、ＷＨＯ（世界保健機関）はパンデミック（感染爆発）宣言をした。

これによって、国際間の人の移動も完全に滞ることになった。インバウンド観光客の来日は途絶え、それまで彼らによって支えられ、またそれを見越して将来計画をたててきた宿泊などの産業、地方自治体は壊滅的ともいえる打撃を被ることになった。

航空会社もその最たる例の一つであり、特に国際線で収益を挙げてきた航空会社は極めて厳しい状況に追いやられていった（国内線は国際線よりも早く復活してきており、国内線を持っている航空会社にとっては、ここからの収益がわずかながらも救いとなっている）。それまで世界最高のサービスを提供し、常にベストエアラインと位置付けられてきたシンガポール航空や、近年その地政学的な優位性を活かし、国際乗り継ぎハブとしての巨大空港の存在を武器として世界のトップランキングの上位に躍り出てきた中東の航空会社（エミレーツ航空、カタール航空、エティハド航空）は、いずれも国内線をもたず、国際線頼みであるために、今回の影響も他の航空会社よりも一層大きなものとなった。

すでにいくつかの航空会社は経営破綻し、これからも政府援助の実施や、ＬＣＣのビジネスモデルの見直しなどを通して、航空業界の再編が大規模に進んでいくものと思われる。

しかし、国際化の進展が不可逆的なものである限り、国際移動の需要は将来必ず再び回復し、増加していくことは間違いのないところであろう。そして、観光需要もそれに伴って復活を遂げていくはずである。あえていうならば、これまであまりにも順調に推移してきたインバウンド誘致政策、そしてそれをベースとした観光振興政策を改めて見直すいい機会になったと肯定的に捉え直す視点が重要ではないかと筆者は考えている。これまでの観光政策、インバウンド誘致政策に足りなかった視点とは何だったのか、ここで検証してみることが重要である。

たとえば観光マーケティングにおいて「プロダクト・アウト」と「マーケティング・イン」ということがよく言われるようになってきた。インバウンド旅客の誘致に関しては、売り手である日本側がよいと思って提供しようとするものと、インバウンド旅行者が望むものとの間に乖離があるということに関してである。

この点に関しては、従来の地域開発論でも同様の指摘がなされてきた。高度経済成長期において都会の資本を中心に、全国画一的に地域開発が行われていった結果、全国どこにいっても同じような光景が見られるようになり、地域の個性が失われていった。このことに対する反省から、地元の人々が主導的に地域開発を行うことの重要性が指摘されるようになった。これが「内発的発展論」である。しかし、そうなると、自分の地域の魅力を地域の外から見るとどのようになるのかという相対的視点が欠けてしまい、限られた視野からの地域開発が行われてしまうことで、当該地域の潜在可能性を活かすことができなくなるとの批判もなされることになった。そこで、外からの視点を取り入れることが

21

新倉山浅間公園（写真提供　富士吉田市）。

重要だということになり、「内発的発展」に対して「外向的発展」という考え方が提唱されるようになった。

近年の例でみると、インバウンド観光客の視点から新たに観光名所化したものとして、渋谷のスクランブル交差点などがある。これなどは日本人にとっては、インバウンド誘致のための観光地としてまったく思い及ばないものであったに違いない。富士山と五重塔、そして桜を一度に見ることができるとしてインスタグラムの聖地のようになっている山梨県富士吉田市新倉山浅間公園もその代表的な例といえるだろう。

このように見てくると、インバウンド観光客の誘致においても、対象となる国・地域の人々の嗜好性、具体的な要望などをどれだけしっかりと分析し、それに応えるような受け入れ態勢をとることができるようにしていくかが、成功の鍵となる。

また、どの地方も同じようなインバウンド観光客の誘致政策を行ってきたことも問題とせざるを得ない。どの地方も同じようなやり方で周辺アジア諸国（中国、韓国、台湾、香港）の誘致を図ってきている。それが全体の需要を増やすことになればそれもよいが、そうなると先述のようにオーバーツーリズムの問題につながりかねない。一方、地方同士で同じ需要を取り合う事態も生じている。つまり、一方のインバウンドが増えると片方が減るという「ゼロサム・ゲーム」に陥ってしまうケースである。

このような「画一的」なインバウンド観光客誘致政策の背景には、LCCに安易に頼ってしまうという要因もある。地方空港の場合、誘致をしやすい航空会社はLCCである。というのは、JALやANAといった従来型の航空会社の場合、路線ネットワーク全体の収支構造を考え、リスクの大きい地方空港への乗り入れ、便数を増加することには慎重になるが、LCCの場合には好条件を提示さえすれば地方空港に対しても乗り入れの決断は早いからだ（ただし、うまくいかないとなったら撤退の決断も早い）。そしてLCCは基本的に短距離の運航を行うことから、自然と周辺アジア諸国との路線に就航することになる（近年は、LCC間の市場が成熟し、競合関係が激化した欧米などでは、LCCの中には中・長距離路線に進出するところも出てきた。日本も同様になっている．ただ、これが成功するかどうかはまったく予想できない）。

しかし、一人あたりの消費額が大きいのはLCCを利用して来日する観光客ではなく、オーストラリアや欧米からの観光客である。彼らは滞在期間も長いし、電化製品などを代表とする「モノ」に対するだけでなく、むしろ「コト」、つまり祭りへの参加や文化体験などに積極的に消費することが特徴である（これを「コト消費」という）。「コト消費」は体験であるから、観光が果たすべき役割として期待される相互理解の深化にも貢献するものである。そこで地方には、直接こうした地域からの便を就航させることはできなくても、東京、あるいは大阪といった大都市空港を経由していかに地元に観光客を誘導するかという戦略の策定と実行が強く求められている。

5 新型コロナウイルス禍後の観光政策・観光産業

今後、世界経済が完全に新型コロナウイルス禍の影響から脱するまでには数年がかかるであろう。世界の地域によってその広がりのタイミング、速度に違いがあるからである。しかし、いずれは必ず観光需要は復活し、この間の自粛による移動制約によるストレスもあり、それを急激に発散しようとすることから、一時的にはこれまで以上の観光需要が発生することも考えられる。

こうした事態を想定し、日本では、新型コロナウイルス禍の経験を活かしながら、今後のインバウンド観光客誘致政策はいくつかの方向転換が目指されるべきである。

一つは「数」を追い求める観光政策からの脱却である。どれだけ多くの観光客が訪れたかを誇ることは、その観光政策がうまくいったかどうかを判断するうえでのわかりやすい指標とはなるが、結果としてオーバーツーリズムなどの副作用を引き起こした。それは地元の生活を立ち行かないものとしたり、自然環境に深刻な打撃を与えたりすることになった。

これからは「持続的な観光政策」の遂行が求められる。場合によっては数を制限し、あるいは来訪者に対して相当の入域料を課すことによって（人数を抑制するのに実際効果があるような水準に設定することが殊に重要である。従来の同種の政策は公共性を阻害することを恐れ、設定する料金が低くなりがちであり、効果を上げてこなかった。富士山の入山料などがその典型的な例といえる）、観光客の数を適正な水準になるようコントロールしていかなければならない。

富裕者層により重点を置いたマーケティングも行っていくべきであろう。周辺アジア諸国を対象とするのであればなおさらである。中国の富裕者層は急速に増加しており、欧米の水準に迫りつつある。こうした層を積極的に取り込んでいくことが望まれる。

そうなると、富裕層を受け入れる環境の整備も重要となってくる。これまでほとんど顧みられることのなかったプライベートジェット、ビジネスジェットの積極的な受け入れ、普及にも取り組んでいかなければならない。これらは単に富裕層対策という次元にはとどまらない重要性を持っている。情報時代においては、時間価値が高まる。時間効率を最大化するためには自由度・機動性の高いビジネスジェットはビジネスツールとしても必須のものとなってくるのである。中国などではプライベートジェット、ビジネスジェットの普及が進んでおり、所有機の数は日本と比べて桁違いに多い。

宿泊施設についても、富裕層が滞在するのに適したものが日本には決定的に不足している。日本はそのホスピタリティ（おもてなし）の質の高さを誇っているが、その評価については文化的な違いもあり、外国人から見て最善のものといえるかどうかは考え直してみる必要があるだろう。

ホスピタリティをめぐる身体的距離感もその一つである。「寄り添う」という言葉が最近よく使われるようになっている。これは精神的な意味で用いられる場合が多いが、文字通り、身体的にも実践されることがある。たとえば物を渡すときに手を添える、顔を近づけて話すことで親密さをアピールする、といったことである。しかし、この度の新型コロナウイルス渦によって、「ソーシャルディスタンス」の確保が大きな社会的課題の一つとなった。これによって日本的ホスピタリティの示し方も見直しを強いられている（その代表的な例が航空会社のキャビン・アテンダント（CA）の客室内での乗客に対する接し方である）。

そもそも日本のホスピタリティは「以心伝心」を基本とするものであり、欧米のように明確な意思表示を求めるものとは根本的に異なるものがある。確かに日本のようなやり方に魅力を感じる人も多く、それが日本ファンとしてリピーター化しているのも事実である。しかし、どこまでも日本式のやり方が通じるものでもなく、外国での在り方をしっかりと理解したうえで、臨機応変な対応ができるようにしていく必要がある。

また、ホスピタリティもよいが、そうした努力がきちんとした対価に結び付くようにもしなければならない。リピーターを増やすうえでは現状でも問題はないかもしれないが、十分な対価を求めることで、観光業界の収益性が高まれば、優秀な人材が集まり、それがさらに優れた収益向上のための施策を生み出していくことで、さらに収益性が高まる、という好循環構造が生まれることになる（現状では、観光産業は薄利多売の業態が主流となっている。一方、観光産業に対する学生のイメージは高く、就職先として旅行会社などを目指す学生は多いが、給与水準が業務の多忙さに比べて低いことから、離職率も高く、優秀の人材を確保しづらい）。

また、顧客の側も、価格をもとにその品質を評価し、購入を選択することも忘れてはならない。特に観光のような商品の場合、事前に手に取って商品の品質を確かめてから購入を決定するような通常の商品の場合とは違って、選択のための情報が限られてくる。その際、口コミなどの評価は重要となるが、価格はより確かな情報源となりうる。また、顧客はその価格に見合わないようなサービスを提供された場合、それに対するクレームもつけやすい。この場合のクレームは悪い意味ばかりではなく、富裕者が何を本当に望んでいるのかを知り、提供するサービスの改善につなげていくことのできる重要なツールとなる。一泊数百万円程度のホテル、旅館が今後日本で多くつくられていくことが望まれる。

以上、アジアの多様性から検討を進め、日本の今後のインバウンド観光客誘致戦略の在り方までを論じてきた。この時期に、これまでの戦略上の問題点をしっかりと理解し、戦略を立て直していくことが、ポスト・コロナの新しい事態に迅速に対応し、経済を早急に立て直していく上で極めて重要である。

（戸崎　肇）

第2章 アジア近隣諸国の観光・レジャー活動の現状と国際交流の活発化

1 観光・レジャーを楽しむことの概念的位置づけ

オランダの歴史学者ホイジンガ（一九六三）は、『ホモ・ルーデンス』において、遊戯（すなわち遊び）が人間活動の本質であり、文化を生み出す根源だとする人間観を示した。遊ぶことは生活維持を求める生物学的活動を超え、生活に意味を与えると言及している。

遊戯、遊び、そして、レジャーといった言葉は、例えば以下のように定義できる。

遊戯：遊び。

遊び：楽しいと思うことをして心を慰めること。

楽しみ：心が満ち足りて安らぐこと。愉快に感ずること。

レジャー：自分の自由に使える時間。自由時間を利用して楽しみを得る充実行為。
観光：自由時間に日常生活圏へ旅行して行う多様な活動。
観光・レジャーは、遊戯、遊び、楽しみを包含しており、すなわち「人は観光・レジャーをするものである」＝「観光・レジャー人」といえるかもしれない。観光・レジャーは、平和で生活難・疫病などの心配がない状態で行われることを前提としており、非常時においては「不要不急」（どうしても必要というわけではなく、急いでする必要もないこと）といわれる。もちろん生死のかかる状態において観光・レジャーが出現することはない。しかし、人は少しでも余裕ができたら、観光・レジャーを楽しもうとする。そして、その楽しむ要素は、さまざまな時間に広がり、できるだけ長い時間、できるだけ充実した時間を楽しもうとする傾向にある。

そこで、日本およびアジア近隣諸国における観光・レジャー活動の状況を把握するため、一九七七年に創刊され、全国調査をもとに日本におけるレジャーの実態を需給双方の視点から総合的・時系列的にとりまとめている日本生産性本部発刊『レジャー白書』のデータと、それと同様の調査手法を用いたアジア各国における独自調査結果をもとに、日本との比較あるいは各国における特性を考察した。調査方法は、インターネット調査（質問紙調査で一部補完）。調査対象は一五歳から七九歳の男女であるが一部サンプリングの結果にあわせて調整した。主要な指標は以下のとおりである。

参加率：ある活動を一年間に一回以上行った人の割合（％）。

参加希望率：ある活動を将来やってみたい、あるいは今後も続けたいとする人の割合（％）

潜在需要：参加希望率から参加率を除いた割合（％）。

2 日本人の観光旅行需要と出入国バランス

最初に、日本人の国内観光旅行と海外旅行の参加率・参加希望率の推移を図２－１に示した。国内観光旅行は、調査しているレジャー活動のなかで最も参加率が高く、海外旅行は潜在需要が最も大きい。ただ、多くのレジャー活動の参加率が低下傾向にあり、国内観光旅行も海外旅行も長期的にみると参加率は低下傾向にあり、参加希望率も下がっている。

一方、訪日外客数と出国日本人数の関係をみると（図２－２）、総じて相関関係にあるが、一九六四年から二〇一二年までは訪日外客数の水準が低く、その後二〇一五年までは、出国日本人数が減少傾向にあった。そして、その後二〇一九年までは正の相関に転じ、ややバラ

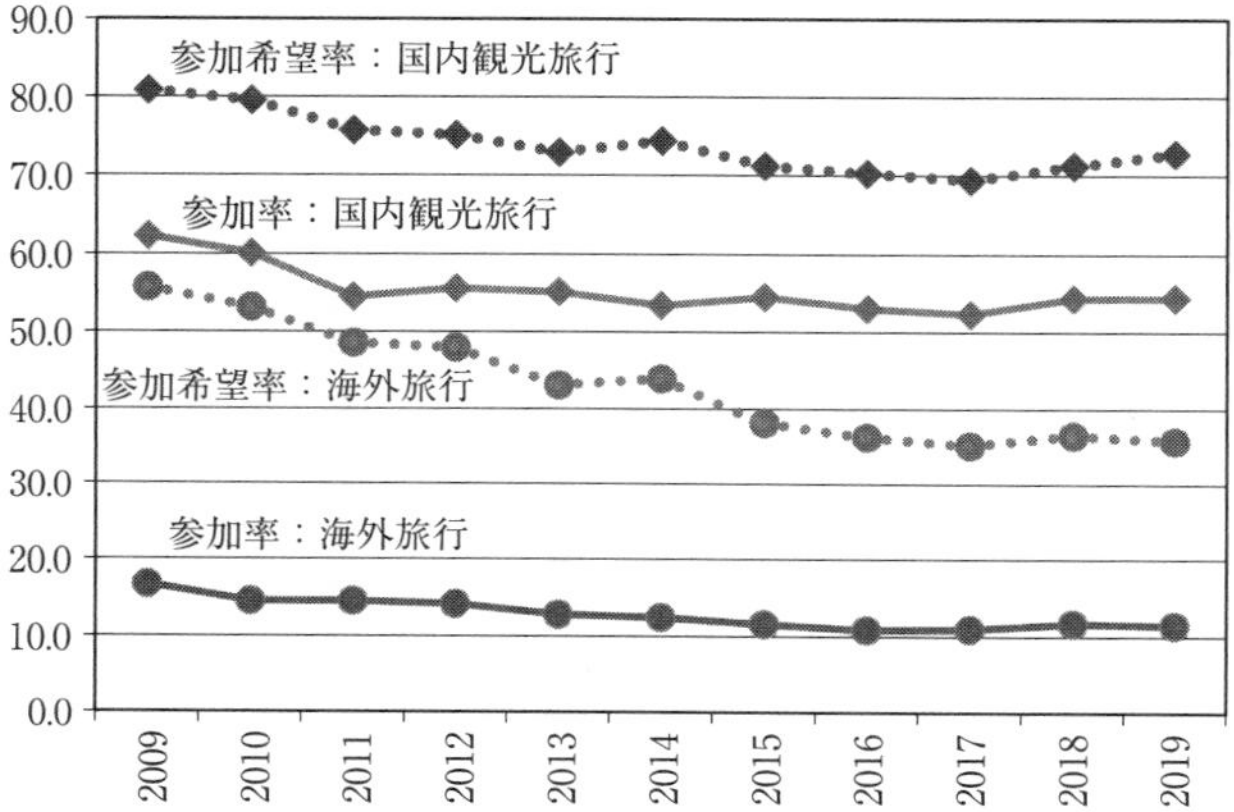

図 2−1　旅行の参加率・参加希望率の推移

（出所）　日本生産性本部『レジャー白書』データを基に作成。

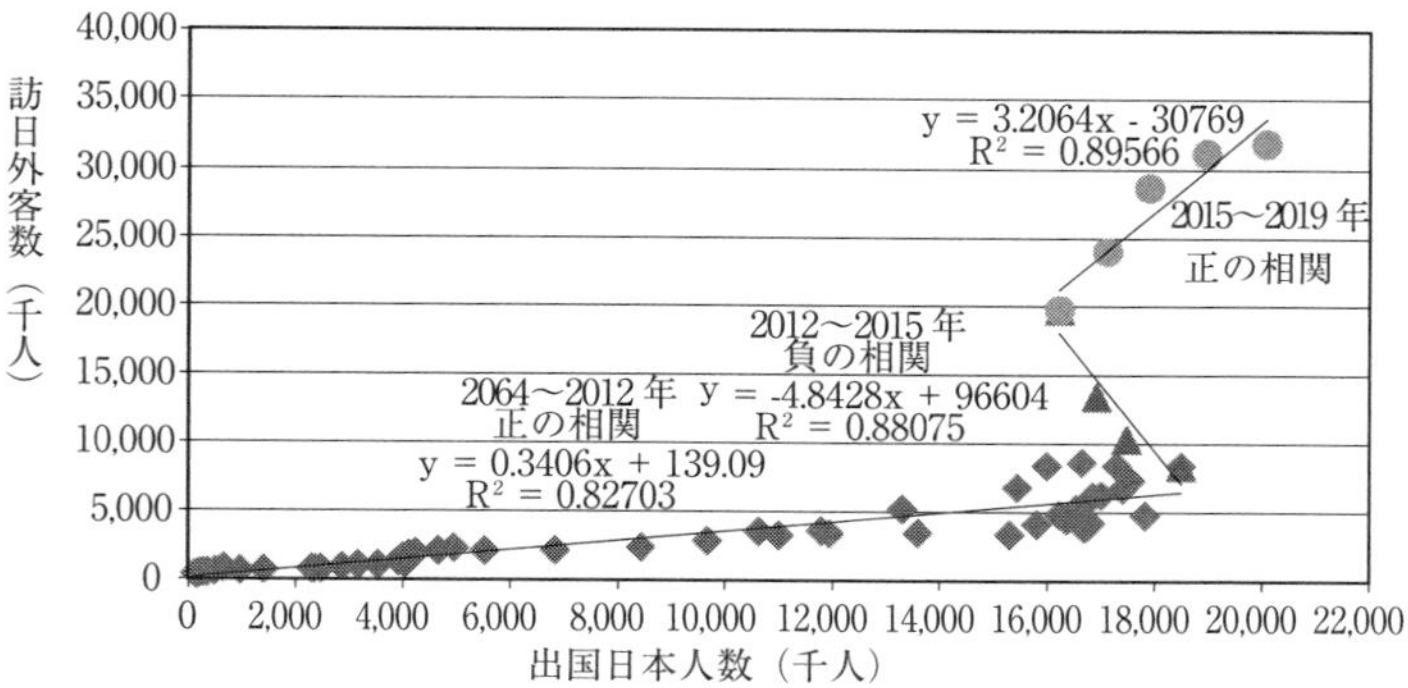

図 2−2　訪日外客数と出国日本人数の関係

（出所）　日本政府観光局および法務省公開データを基に作成。

ンスをとり始めた。なお、二〇二〇年はコロナ禍でこの動きは止まった。これを国別にみると、訪日外客数が出国日本人数を大きく上回る国、逆に出国日本人数に対して訪日外客数の少ない国があり、やはりバランスを欠いている。日本だけでなく、いずれの国においても、出入国のバランスをとることは望ましい。

3 モンゴル国における観光・レジャー活動の現状と需要

二〇一四年以降の『レジャー白書』では、日本人のレジャー活動の国際水準を把握するため、あるいは、諸外国のレジャー活動の状況を理解するため、国際比較データを発表している。これまでモンゴル国（ウランバートル）、韓国（ソウル）、中国（上海・海南）、ベトナム（ハノイ、全域）において調査した（それぞれ、男女別年代別人口構成比に基づき、ウエイトバック集計）。これは、インターネット調査の性質上、所得水準や教育水準の比較的高い層の回答であることを踏まえて理解する必要がある。

最初に、モンゴル国において首都ウランバートル市民を対象に、二〇一五年一一月から二〇一六年三月に調査した結果を示す（有効回答数三四二）。

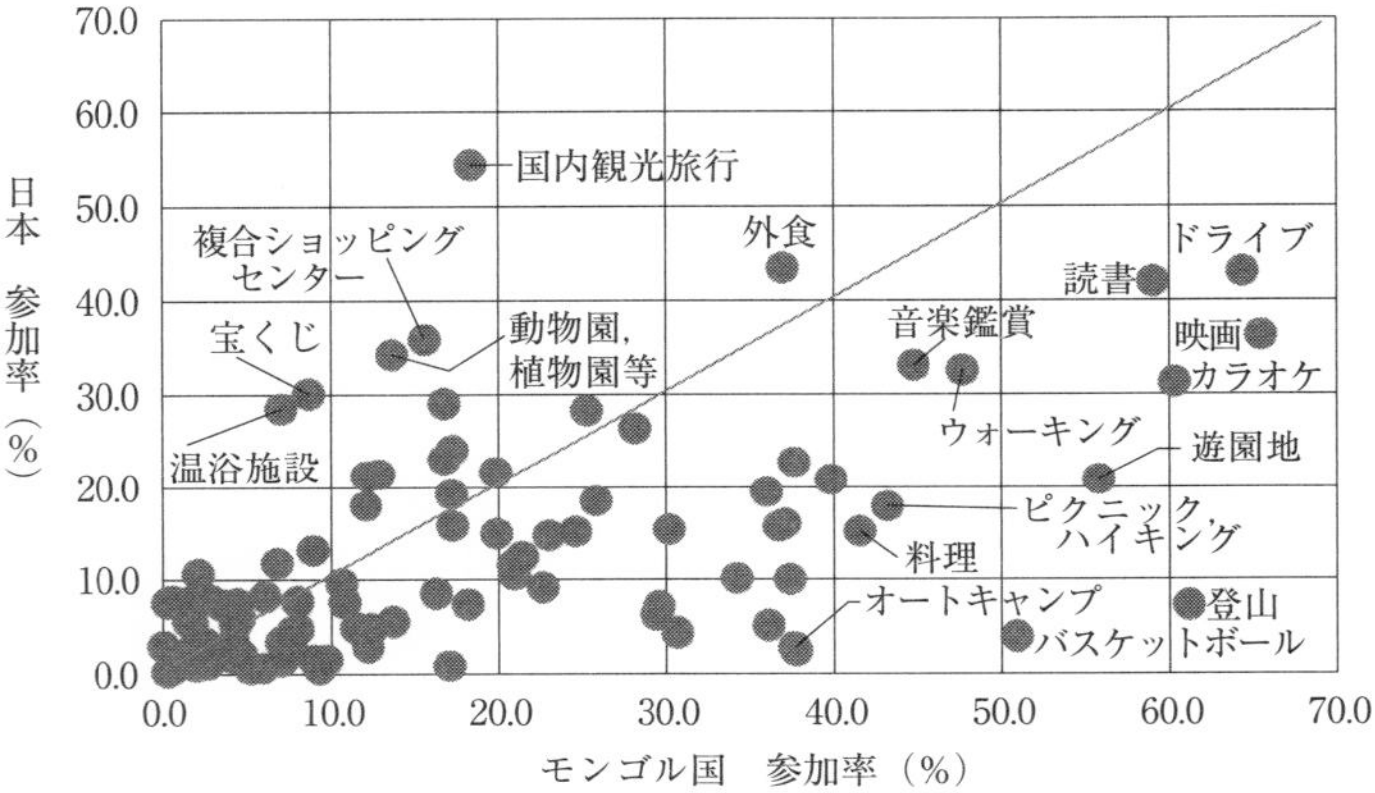

図 2−3　観光・レジャー活動参加率の日蒙比較

（出所）　日本のデータは『レジャー白書』，モンゴル国は独自調査。

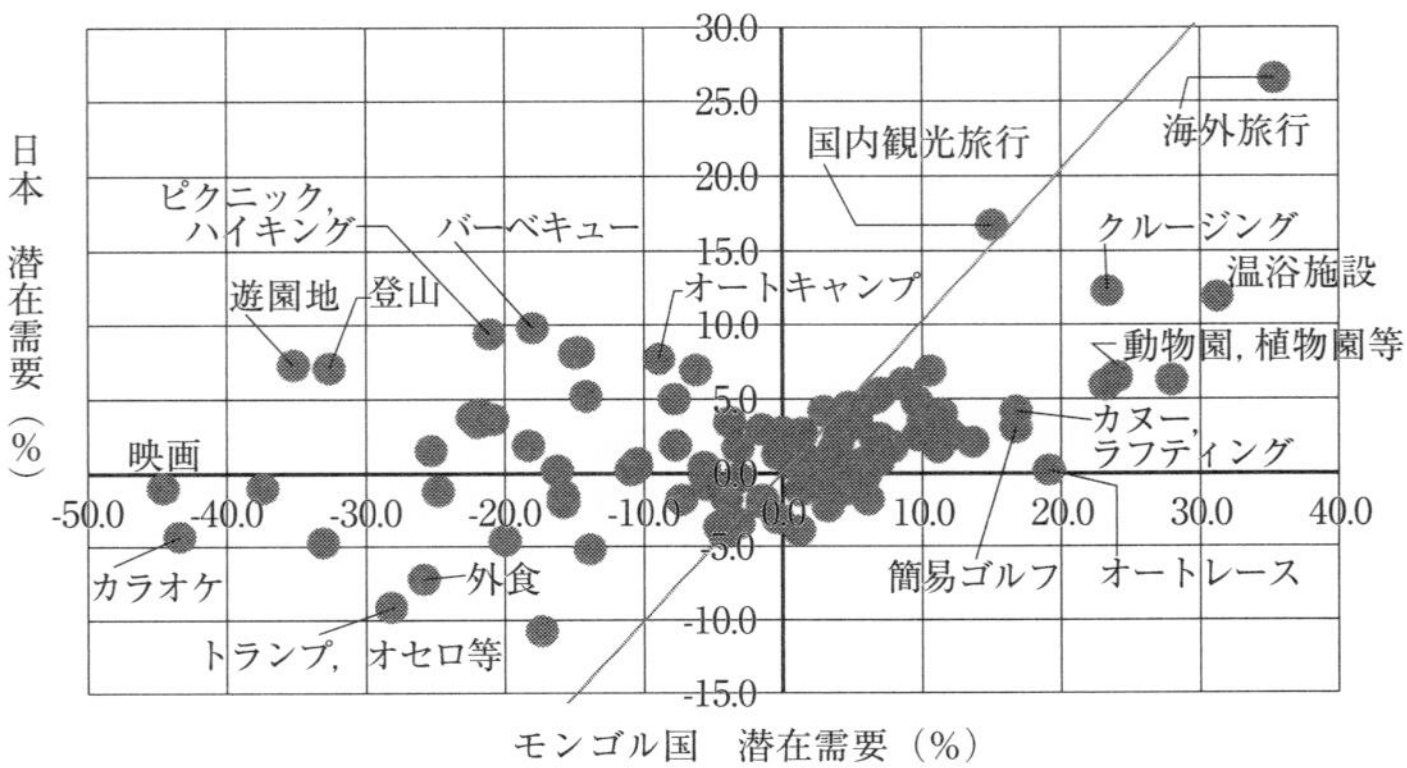

図 2−4　観光・レジャー活動潜在需要の日蒙比較

（出所）　日本のデータは『レジャー白書』，モンゴル国は独自調査。

表2－1　モンゴル国における参加率・潜在需要の上位

順位	種目	参加率	種目	潜在需要
1	映画（テレビは除く）	65.5	海外旅行	35.4
2	ドライブ	64.4	温浴施設（健康ランド，スーパー銭湯など）	31.3
3	登山	61.2	海水浴	28.0
4	カラオケ	60.3	動物園，植物園，水族館，博物館	24.0
5	読書（仕事，勉強などを除く娯楽としての）	59.0	クルージング（客船による）	23.3
6	遊園地	55.8	水泳（プールでの）	23.2
7	バスケットボール	50.9	オートレース	19.2
8	ウォーキング	47.7	カヌー，ラフティング	16.8
9	音楽鑑賞（配信，ＣＤ，レコードなど）	44.7	パークゴルフ・グラウンドゴルフなど	16.8
10	ピクニック，ハイキング，野外散歩	43.2	国内観光旅行（避暑，避寒，温泉など）	15.1
11	料理（日常的なものは除く）	41.5	ボランティア活動	13.7
12	バーベキュー	39.8	テニス	12.1
13	オートキャンプ	37.8	洋楽器の演奏	11.5
14	トランプ，オセロ，カルタ，花札など	37.6	ハンググライダー，パラグライダーなど	11.3
15	ビリヤード	37.6	洋舞，社交ダンス	11.2
16	観劇（テレビは除く）	37.4	エステティック，ホームエステ	10.6
17	学習，調べもの	37.1	スキー	10.1
18	外食（日常的なものは除く）	36.9	エアロビクス，ジャズダンス	9.7
19	トレーニング	36.7	フィールドアスレチック	9.7
20	バレーボール	36.1	陶芸	8.7
21	帰省旅行	36.0	アイススケート	7.8
22	日曜大工	34.2	ゴルフ（コース）	7.8
23	演芸鑑賞（テレビは除く）	30.7	ヨット，モーターボート	7.5
24	催し物，博覧会	30.2	スキンダイビング，スキューバダイビング	7.0
25	卓球	29.6	囲碁	7.0
26	ビデオの制作・編集	29.4	ペット（遊ぶ・世話する）	7.0
27	園芸，庭いじり	28.1	おどり（日舞など）	6.9
28	バー，スナック，パブ，飲み屋	25.8	農園（市民農園など）	6.7
29	ビデオの鑑賞（レンタルを含む）	25.2	ファッション（楽しみとしての）	6.7
30	スポーツ観戦（テレビは除く）	24.6	ボウリング	6.1

（出所）『レジャー白書』と同様の調査方法で独自調査。

まず、日本よりモンゴル国のほうが参加率の高い種目が多い（図２－３）。大都市ウランバートル市民は、日本人の平均よりレジャー活動参加が活発である。モンゴル国のほうが日本より参加率が顕著に高いのは、モンゴル国で参加率一位の映画、二位のドライブ、三位の登山、四位のカラオケ、六位の遊園地、七位のバスケットボール、一三位のオートキャンプなどである（表２－１）。特に、登山、バスケットボール、オートキャンプは、日本における参加率の水準が低いのに対し、モンゴル国では参加率が高い。逆に、日本のほうがモンゴル国より参加率が目立って高いのは、国内観光旅行、複合ショッピングセンター、動物園・植物園・水族館・博物館、温浴施設、宝くじである。国内観光旅行はモンゴル国では未成熟であり、モンゴル国に少ない施設は日本のほうが参加率は高くなっている。

潜在需要（図２－４）については、日蒙両国で海外旅行が最も大きいが、モンゴル国のほうがより大きい。同様の傾向は温浴施設、クルージング、動物園・植物園・水族館・博物館にもみられる。逆に、日本で潜在需要の大きい遊園地、登山、ピクニック、ハイキング、バーベキュー、オートキャンプは、モンゴル国では潜在需要がマイナスである。

日本のほうがモンゴル国より年間平均活動回数の多い種目が大半である。日本よりモンゴル国の回数が多いのは、バスケットボール、映画、トランプ・オセロ・カルタ・花札、カラ

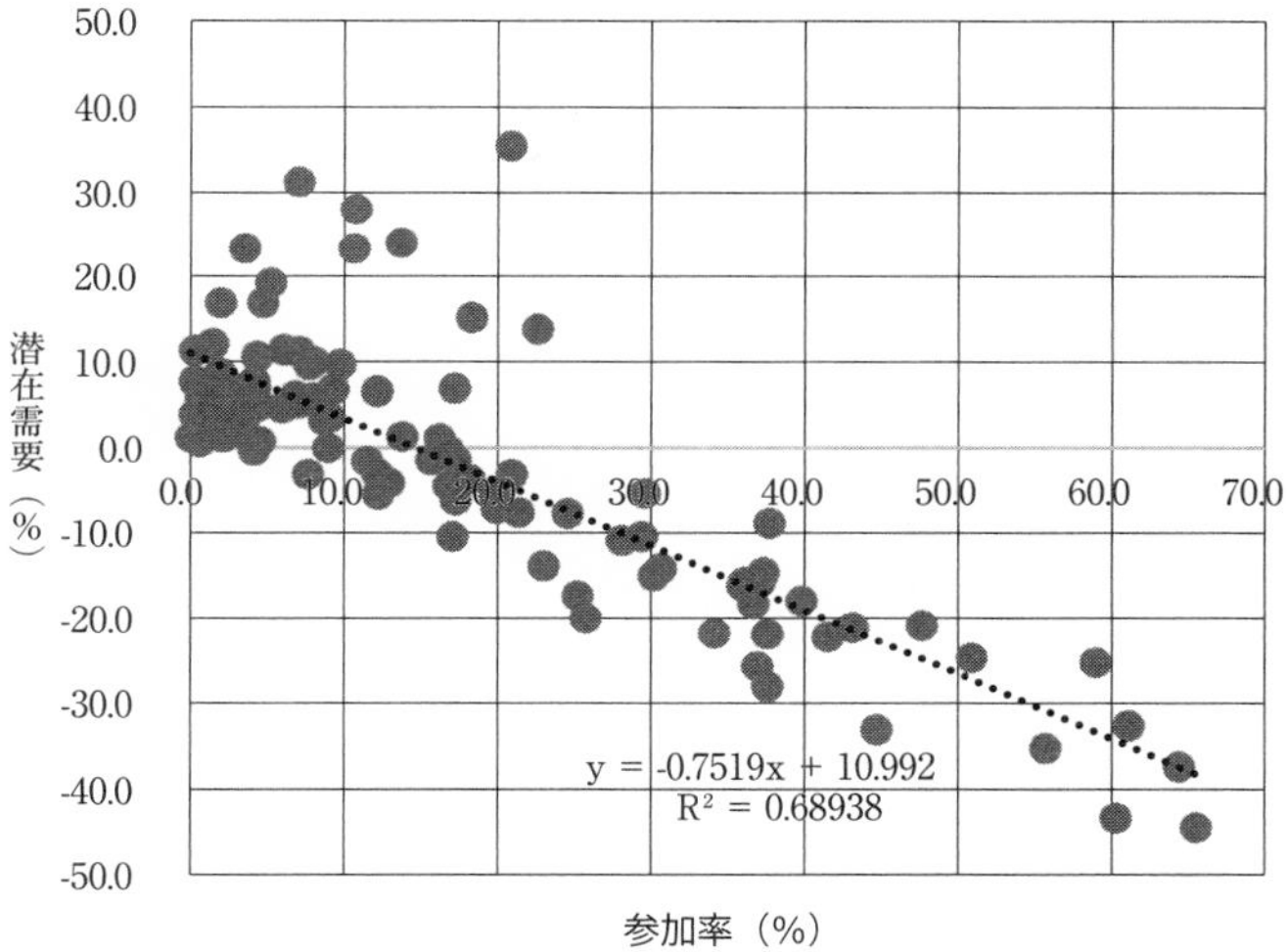

図2−5　モンゴル国における参加率と参加希望率の関係

（出所）『レジャー白書』と同様の調査方法で独自調査。

オケである。ウランバートル市内に施設が多い、あるいは身近で楽しめる活動の回数が多いことがわかる。そして、日本のほうがモンゴル国より年間平均費用の多い種目が大半である。モンゴル国の費用が多いのは、ドライブくらいである。日蒙の費用の差が目立つのは乗馬、洋舞・社交ダンス、ゴルフ（コース）、スキンダイビング・スキューバダイビング、国内観光旅行、クルージングなどである。

モンゴル国における参加率と潜在需要の関係を分析すると、負の相関関係がみられる（図2－5）。これは、日本ではみられない傾向である。参加率が高い種目ほど潜在需要が下がり、参加率が低いほど潜在需要が高いのは、現在参加している活動に対する継続参加意欲が弱く、参加したことがない活動に対する新規参加意欲が強い現れといえる。

また、観光・レジャー活動の参加率と年間平均活動回数、参加率と年間平均費用にも、正の相関関係がみられる。これも日本ではみられない傾向である。参加率の低い種目ほど、回数も費用も少ないことは、活動が多様化していないとみることができる。

このように、モンゴル国において現在参加率の低い活動に対する新規参加意欲が強く、まだ多様化していない現状から、今後の観光・レジャー活動（関連ビジネス）の発展可能性が高いといえる。

4 韓国における観光・レジャー活動の現状と需要

次に、韓国において、二〇一六年一二月から二〇一七年一月に調査した結果を示す（有効回答数五七二）。

参加率を日韓比較すると、総じて韓国のほうが日本より観光・レジャー活動の参加率の水準が高いことがわかる（図2－6）。この日韓の参加率には相関関係がみられる。韓国の一人当たり平均参加種目数は一九・三種目であり、これも日本の水準より高い。多くの種目において参加率が低下傾向にある日本に対して、韓国では活発な観光・レジャー活動がみてとれる。

韓国ではテレビ視聴やインターネット、ゲームといった情報機器製品に依存する活動が中心となり、観光活動の参加率が低い傾向が予想された。しかし、国内観光旅行は概ね日韓で同水準であり、むしろ韓国で参加率二位の登山は日本より突出して高い身近なレジャー活動として定着している（表2－2）。ピクニック、ハイキング、オートキャンプの参加率も高い。また、海外旅行の参加率も、日本より高い水準にあり、韓国ではむしろ日本より観光行動が活発である。また、韓国では参加率一位の映画、三位のカラオケ、そしてサウナ、ビリヤードといった身近なレジャー活動も日本より水準が高い。

一方、外食、読書などは概ね日韓が同水準にある。逆に、日本のほうが韓国より参加率の水準が高い活動として、園芸、庭いじり、帰省旅行、日曜大工が挙げられる。

次に、潜在需要（参加希望率から参加率を減じたもの）を日韓比較すると（図2－7）、日韓ともに、潜在需要一位は海外旅行であるが、韓国のほうがその規模が大きい。ちなみに、韓

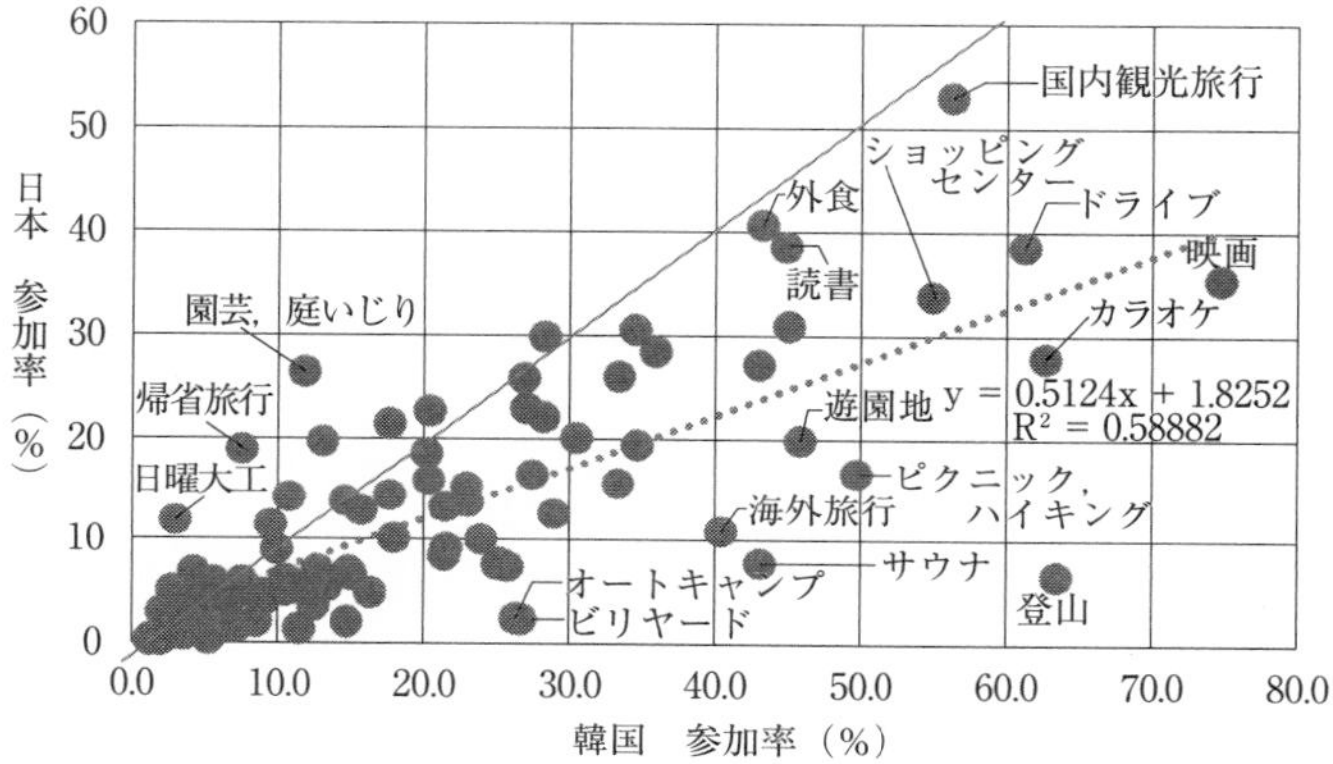

図 2−6　観光・レジャー活動参加率の日韓比較

（出所）　日本のデータは『レジャー白書』，韓国は独自調査。

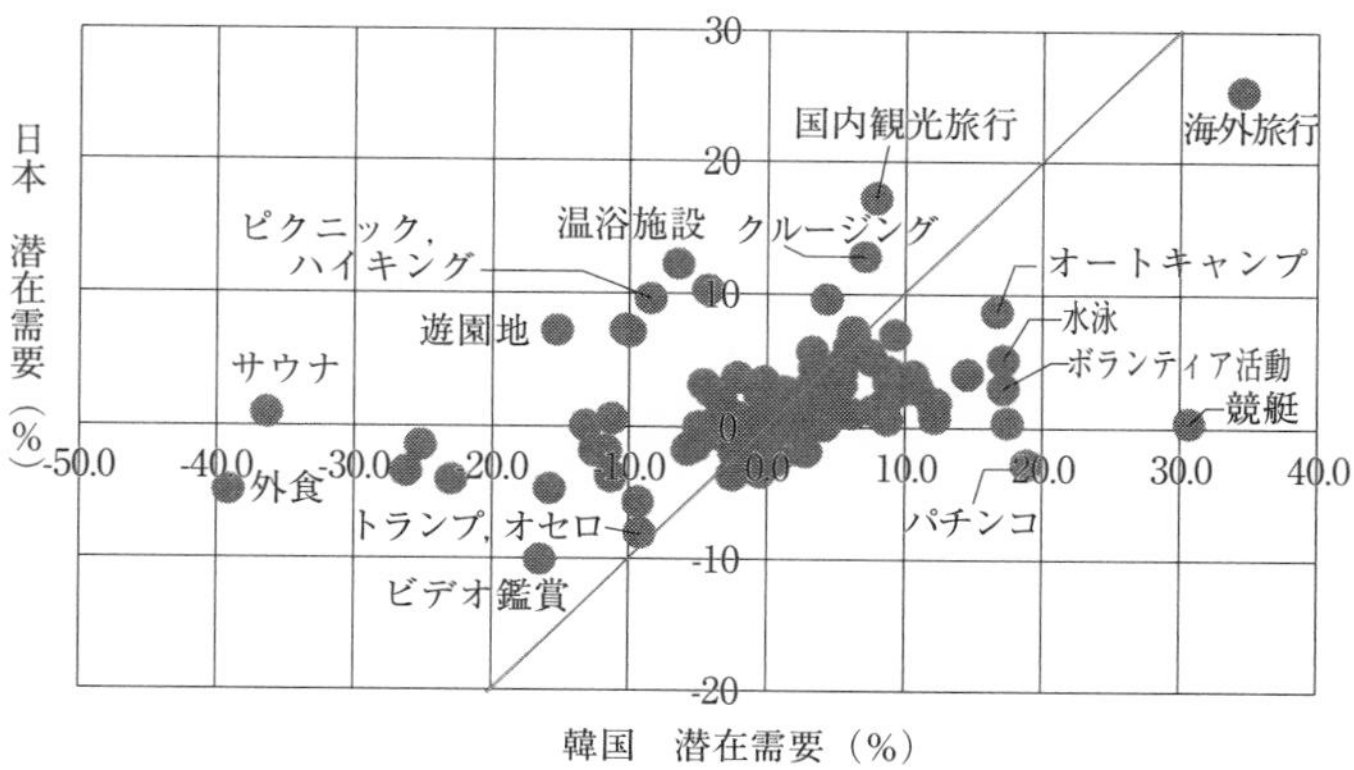

図 2−7　観光・レジャー活動潜在需要の日韓比較

（出所）　日本のデータは『レジャー白書』，韓国は独自調査。

表 2－2　韓国における参加率・潜在需要の上位

順位	種目	参加率	種目	潜在需要
1	映画（テレビは除く）	74.7	海外旅行	34.6
2	登山	63.5	競艇	30.7
3	カラオケ	62.7	パチンコ	18.9
4	ドライブ	61.3	サッカーくじ（toto）	17.5
5	国内観光旅行（避暑，避寒，温泉など）	56.3	ボランティア活動	17.2
6	複合ショッピングセンター，アウトレットモール	55.0	水泳（プールでの）	17.1
7	ピクニック，ハイキング，野外散歩	49.7	オートキャンプ	16.7
8	遊園地	45.9	スキンダイビング，スキューバダイビング	14.6
9	動物園，植物園，水族館，博物館	45.1	洋舞，社交ダンス	12.3
10	読書（仕事，勉強などを除く娯楽としての）	44.9	オートレース	12.2
11	外食（日常的なものは除く）	43.3	ゴルフ（コース）	12.0
12	サウナ	43.1	ハンググライダー，パラグライダーなど	11.0
13	温浴施設（健康ランド，クアハウス，スーパー銭湯等）	43.1	洋楽器の演奏	10.6
14	海外旅行	40.4	乗馬	10.6
15	ウィンドウショッピング（見て歩きなど娯楽としての）	35.9	スキー	9.7
16	PC ゲーム（オンラインゲーム）	35.4	料理（日常的なものは除く）	9.6
17	バーベキュー	34.7	音楽会，コンサートなど	9.3
18	音楽鑑賞（配信，CD，レコード，テープ，FM など）	34.5	日曜大工	9.0
19	宝くじ	33.4	スノーボード	8.8
20	学習，調べもの	33.4	カヌー，ラフティング	8.8
21	ジョギング，マラソン	30.5	テニス	8.7
22	ソーシャルゲームなどのオンラインゲーム	28.9	中央競馬	8.7
23	ウォーキング	28.3	国内観光旅行（避暑，避寒，温泉など）	7.9
24	音楽会，コンサートなど	28.2	サーフィン，ウインドサーフィン	7.8
25	バー，スナック，パブ，飲み屋	27.4	農園（市民農園など）	7.6
26	体操（器具を使わないもの）	27.0	演芸鑑賞（テレビは除く）	7.5
27	ビデオの鑑賞（レンタルを含む）	26.9	クルージング（客船による）	7.0
28	ビリヤード	26.7	エステティック，ホームエステ	6.3
29	オートキャンプ	26.3	観劇（テレビは除く）	6.3
30	海水浴	25.8	ヨット，モーターボート	6.1

（出所）『レジャー白書』と同様の調査方法で独自調査。

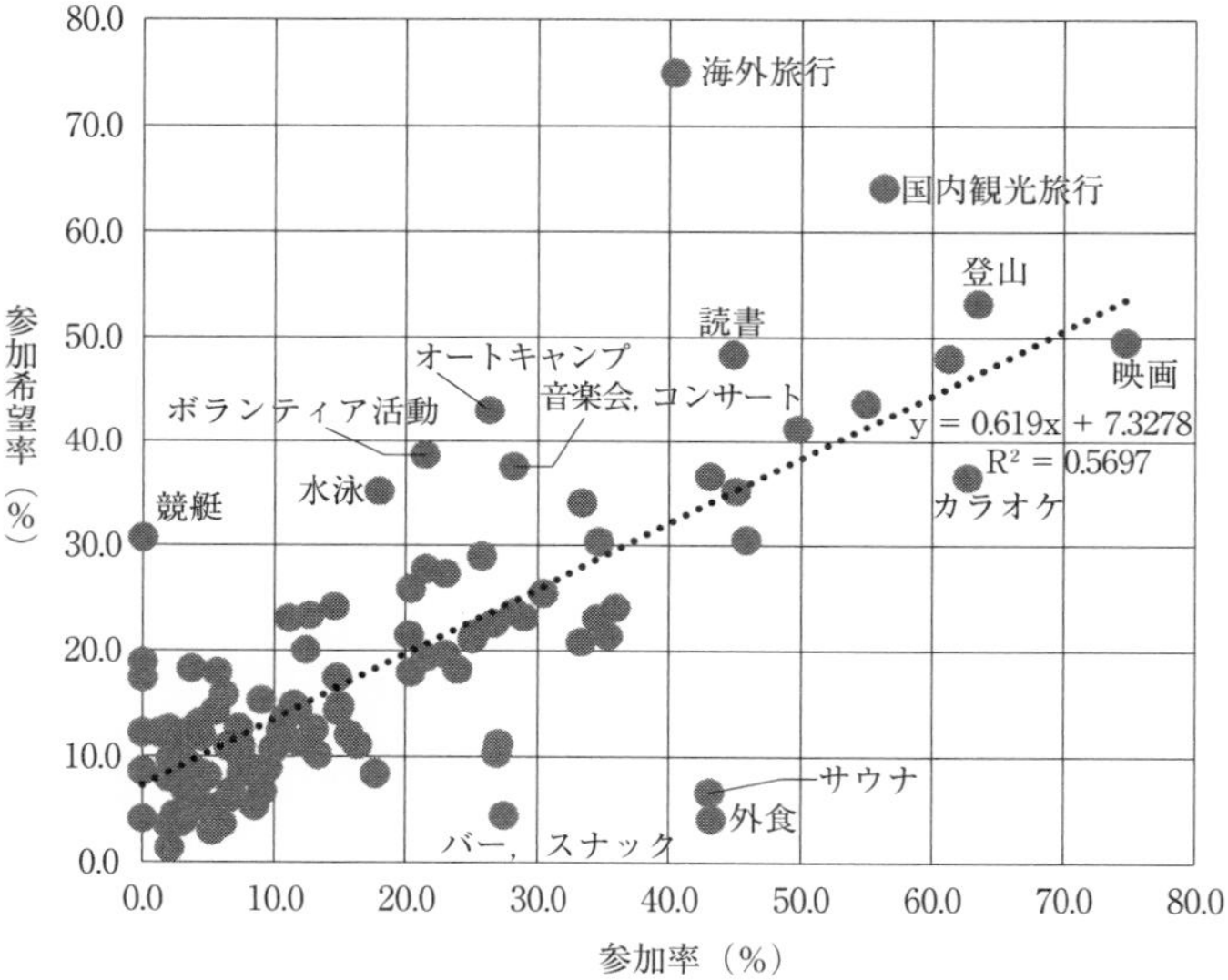

図2−8　韓国における参加率と参加希望率の関係

（出所）『レジャー白書』と同様の調査方法で独自調査。

国の参加率と参加希望率には相関関係がみられる（図2－8）。韓国のほうが日本より潜在需要が特に大きい活動として、ボートレース、サッカーくじ、そして、ボランティア活動が挙げられる。韓国には存在しないパチンコの潜在需要も大きいようだ。韓国では、こうしたギャンブル要素のあるレジャー活動の潜在需要が目立っていることは注目に値する。また、水泳やオートキャンプも上位に挙がっている。その他に、韓国において潜在需要の比較的大きい活動として、音楽会・コンサートが挙げられる。

逆に、韓国で参加率の高いサウナ、外食は、潜在需要がマイナスになっており、韓国では成熟市場として位置づけられる。韓国の参加率一位から三位の映画、登山、カラオケも、それぞれ潜在需要はマイナスになっている。

一方、日本のほうが韓国より潜在需要の大きい活動として、温浴施設、ピクニック・ハイキング、遊園地が挙げられる。若干ではあるが国内観光旅行、クルージングも日本のほうが潜在需要は大きい。

5 中国における観光・レジャー活動の現状と需要

次に、中国の上海と海南において、二〇一七年一二月から二〇一八年一月に調査した結果を示す（有効回答数は上海六五七、海南は一二三二）。

調査した観光・レジャー活動の参加率を日中比較すると、韓国のデータにみられたような相関関係はみられなかった（図2-9）。これは米国のデータにもみられる傾向である。すなわち、米国や韓国における各活動の参加率の分布は日本と類似しているのに対し、中国の上海と海南においては分散傾向が異なっている。これを上海と海南で比べても、この二都市のバラツキは大きく異なっている。

全体的な参加率の高低をみると、上海は韓国と同水準であり、日本よりやや高い。海南についても、総じて日本より若干高い水準にある。

一人当たり平均参加種目数でみると、日本（二〇一七年）の一一・七種目に対し、上海は一八・九種目、海南は一三・二種目である。これも日本の水準より高く、多くの種目において参加率が低下傾向にある日本に対して、中国の上海、海南では日本より活発なレジャー行動がみてとれる。

種目別にみると、上海では、トレーニング、ピクニック・ハイキング・野外散歩、トランプ・オセロ・カルタ・花札など、動物園・植物園・水族館・博物館の参加率が高く、かつ日本よりその水準が高い。海南では、トレーニング、写真の制作、ソーシャルゲームなどのオンラインゲーム、登山、クルーズの参加率が高く、かつ日本より水準が高い。

潜在需要（参加希望率から参加率を減じたもの）を日中比較すると（図2－10）、上海・海南ともに日本より潜在需要は若干低い水準にある。とくに海南は、潜在需要がある程度見込まれるレジャー活動は少ない。あえて挙げるとしたら、海南の潜在需要一位はバーベキュー、

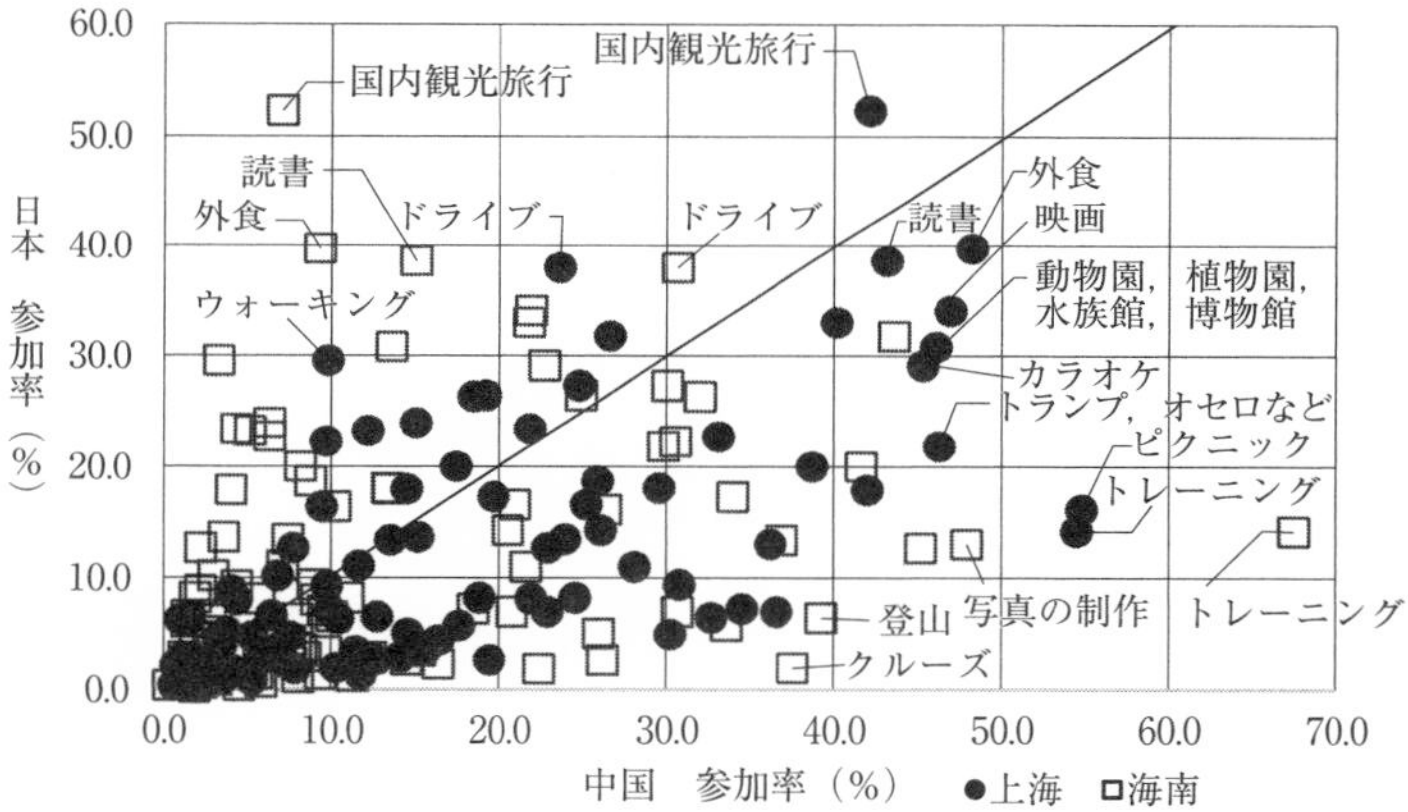

図 2―9　観光・レジャー活動参加率の日中比較

（出所）　日本のデータは『レジャー白書』，中国は独自調査。

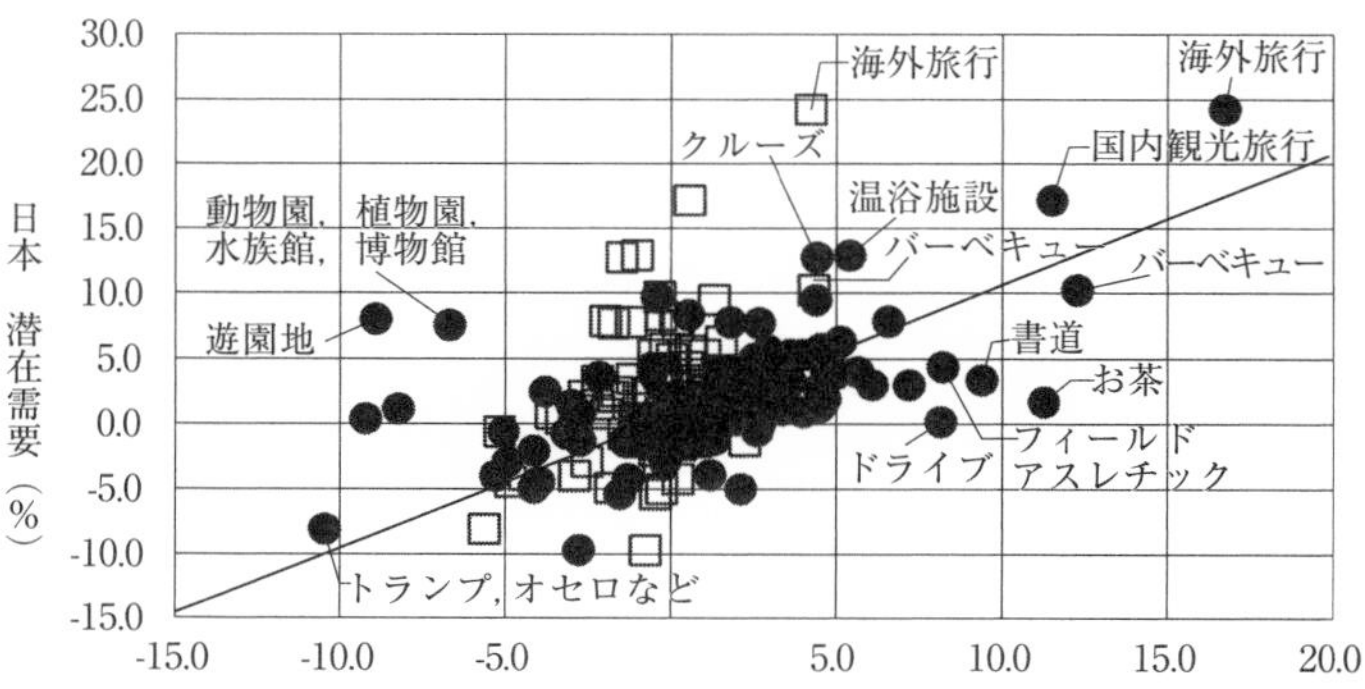

図 2―10　観光・レジャー活動潜在需要の日中比較

（出所）　日本のデータは『レジャー白書』，中国は独自調査。

表2−3　中国（上海）における参加率・潜在需要の上位

順位	種目	参加率	種目	潜在需要
1	ピクニック，ハイキング，野外散歩	54.8	海外旅行	16.7
2	トレーニング	54.5	バーベキュー	12.3
3	外食（日常的なものは除く）	48.2	国内観光旅行（避暑，避寒，温泉など）	11.5
4	映画（テレビは除く）	47.0	お茶	11.3
5	トランプ，オセロ，カルタ，花札など	46.3	書道	9.4
6	動物園，植物園，水族館，博物館	46.1	フィールドアスレチック	8.2
7	カラオケ	45.4	ドライブ	8.1
8	読書（仕事，勉強などを除く娯楽としての）	43.2	趣味工芸（組みひも，ペーパークラフト，革細工など）	7.2
9	国内観光旅行（避暑，避寒，温泉など）	42.2	オートキャンプ	6.6
10	遊園地	42.0	スキー	6.1
11	複合ショッピングセンター，アウトレットモール	40.2	乗馬	5.6
12	ジョギング，マラソン	38.7	温浴施設（健康ランド，クアハウス，スーパー銭湯等）	5.4
13	バドミントン	36.6	海水浴	5.1
14	写真の制作	36.3	ハンググライダー，パラグライダーなど	5.0
15	サイクリング，サイクルスポーツ	34.6	ファッション（楽しみとしての）	4.7
16	SNS，ツイッターなどのデジタルコミュニケーション	33.1	お花	4.7
17	登山	32.7	陶芸	4.5
18	水泳（プールでの）	30.8	サーフィン，ウインドサーフィン	4.5
19	麻雀	30.3	エアロビクス，ジャズダンス	4.4
20	帰省旅行	29.6	クルージング（客船による）	4.4
21	海外旅行	28.1	催し物，博覧会	4.4
22	音楽鑑賞（配信，CD，レコード，テープ，FMなど）	26.7	ヨット，モーターボート	4.0
23	催し物，博覧会	26.1	水泳（プールでの）	4.0
24	バーベキュー	25.9	音楽会，コンサートなど	3.6
25	学習，調べもの	25.3	洋楽器の演奏	3.6
26	温浴施設（健康ランド，クアハウス，スーパー銭湯等）	24.8	絵を描く，彫刻する	3.5
27	卓球	24.6	ボランティア活動	3.4
28	料理（日常的なものは除く）	24.0	アイススケート	3.3
29	ドライブ	23.7	カヌー，ラフティング	3.3
30	将棋	23.0	パークゴルフ・グラウンドゴルフなどの簡易ゴルフ	3.3

（出所）『レジャー白書』と同様の調査方法で独自調査。

表2−4　中国（海南）における参加率・潜在需要の上位

順位	種目	参加率	種目	潜在需要
1	トレーニング	67.4	バーベキュー	4.3
2	写真の制作	48.0	海外旅行	4.2
3	ソーシャルゲームなどのオンラインゲーム	45.2	ウィンドウショッピング(見て歩きなど娯楽としての)	2.2
4	音楽鑑賞（配信，CD，レコード，テープ，FMなど）	43.6	複合ショッピングセンター，アウトレットモール	2.2
5	ジョギング，マラソン	41.6	帰省旅行	2.0
6	登山	39.3	邦楽，民謡	1.6
7	クルージング（客船による）	37.6	エアロビクス，ジャズダンス	1.5
8	ゲームセンター，ゲームコーナー	36.9	海水浴	1.5
9	バー，スナック，パブ，飲み屋	34.0	ファッション（楽しみとしての）	1.4
10	ビデオの制作・編集	33.6	お花	1.3
11	ウィンドウショッピング(見て歩きなど娯楽としての)	32.0	催し物，博覧会	1.3
12	ドライブ	30.7	囲碁	1.1
13	将棋	30.7	音楽会，コンサートなど	1.0
14	体操（器具を使わないもの）	30.5	模型づくり	1.0
15	温浴施設（健康ランド，クアハウス，スーパー銭湯等）	30.1	バドミントン	0.9
16	トランプ，オセロ，カルタ，花札など	29.8	書道	0.8
17	ピクニック，ハイキング，野外散歩	26.4	キャッチボール，野球	0.7
18	オートキャンプ	26.3	ソーシャルゲームなどのオンラインゲーム	0.7
19	文芸の創作（小説，詩，和歌，俳句など）	26.0	編物，織物，手芸	0.6
20	ビデオの鑑賞（レンタルを含む）	25.0	スキー	0.6
21	カラオケ	22.8	演芸鑑賞（テレビは除く）	0.6
22	囲碁	22.4	カヌー，ラフティング	0.5
23	映画（テレビは除く）	21.9	国内観光旅行（避暑，避寒，温泉など）	0.5
24	複合ショッピングセンター，アウトレットモール	21.8	フィールドアスレチック	0.5
25	海外旅行	21.7	ゴルフ（コース）	0.5
26	学習，調べもの	21.0	サッカー	0.4
27	バドミントン	20.8	ゴルフ（練習場）	0.4
28	催し物，博覧会	20.6	園芸，庭いじり	0.3
29	サイクリング，サイクルスポーツ	18.5	おどり（日舞など）	0.3
30	お茶	16.4	ゲートボール	0.3

（出所）『レジャー白書』と同様の調査方法で独自調査。

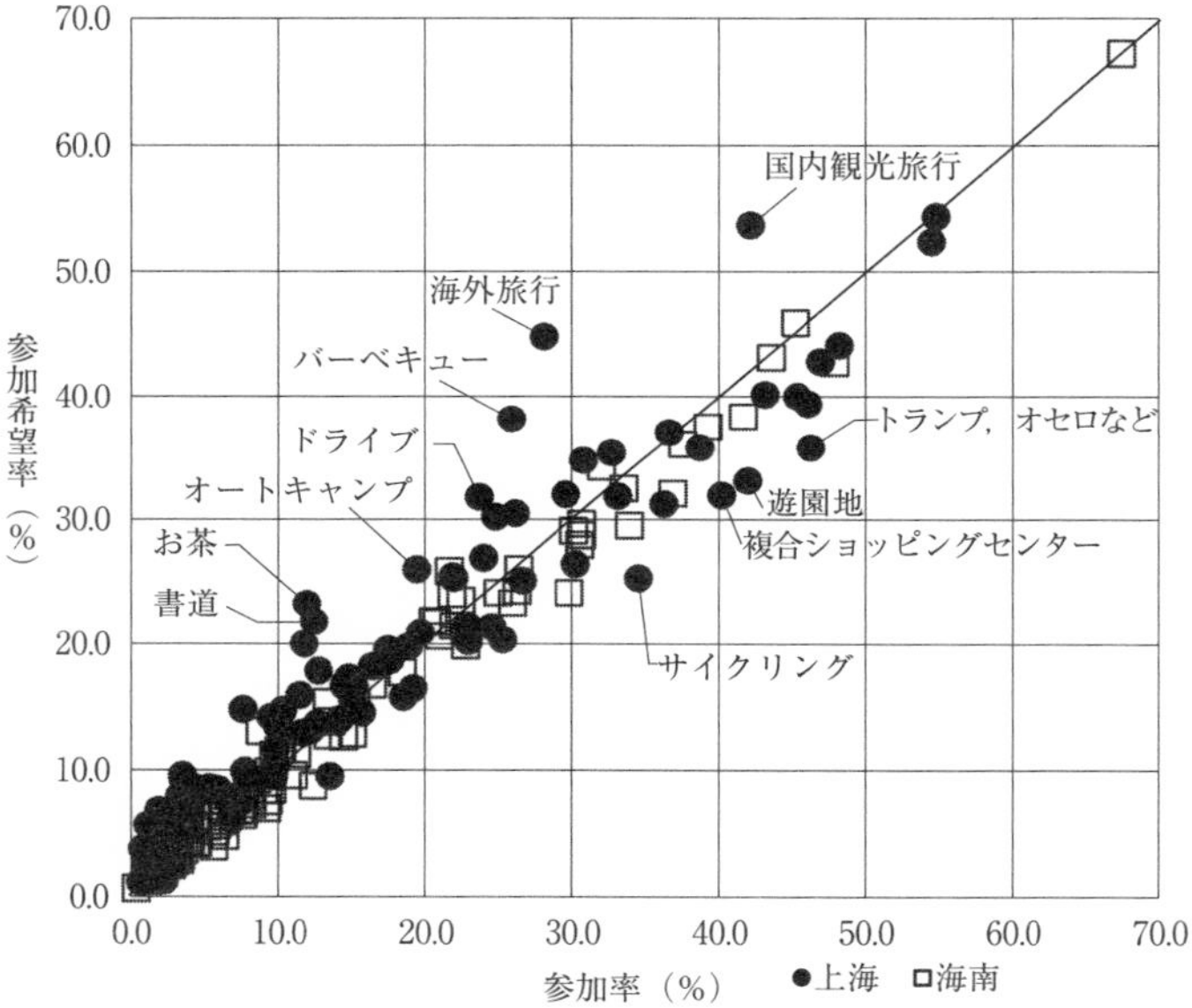

図2−11　中国における参加率と参加希望率の関係

（出所）『レジャー白書』と同様の調査方法で独自調査。

二位は海外旅行である（表2－4）。上海においては、日本より潜在需要が高いレジャー活動としてバーベキュー、お茶、書道、ドライブ、フィールドアスレチックが挙げられる。潜在需要は高いが、日本のほうが水準の高い活動として海外旅行、国内旅行が挙げられる。逆に、遊園地、動物園・植物園・水族館・博物館は日本では一定の潜在需要がみられるが、上海ではマイナスとなっている。なお、上海の参加希望率は日本と相関関係がみられた（図2－11）。

6 ベトナムにおける観光・レジャー活動の現状と需要

最後に、ベトナムのハノイで二〇一八年一一月から一二月に調査（有効回答数五七四）、ハノイから、ダナン、ホーチミンなどのベトナム広域に範囲を広げ、二〇一九年一一月に調査（有効回答数六四六）した結果を示す。一部サンプリングの関係で、年齢は一五歳以上五九歳以下にしぼった。

観光・レジャー活動の参加率を日越比較すると、韓国のデータにみられたような、相関関係はみられなかった（図2－12）。これは、モンゴル国や中国でみられた傾向と同様である。そして、全体的な参加率の高低をみると、ベトナムの参加率は総じて日本より水準が高い。参加率が多くの種目で低下傾向にある日本に対して、ベトナムでは日本より多様なレジャー行動が行われている。

ベトナムにおいて特に参加率の高さが目立つのは、クルーズ、海水浴、帰省旅行、カラオケ、複合ショッピングセンター、外食、国内観光旅行である。クルーズについては、豪華客

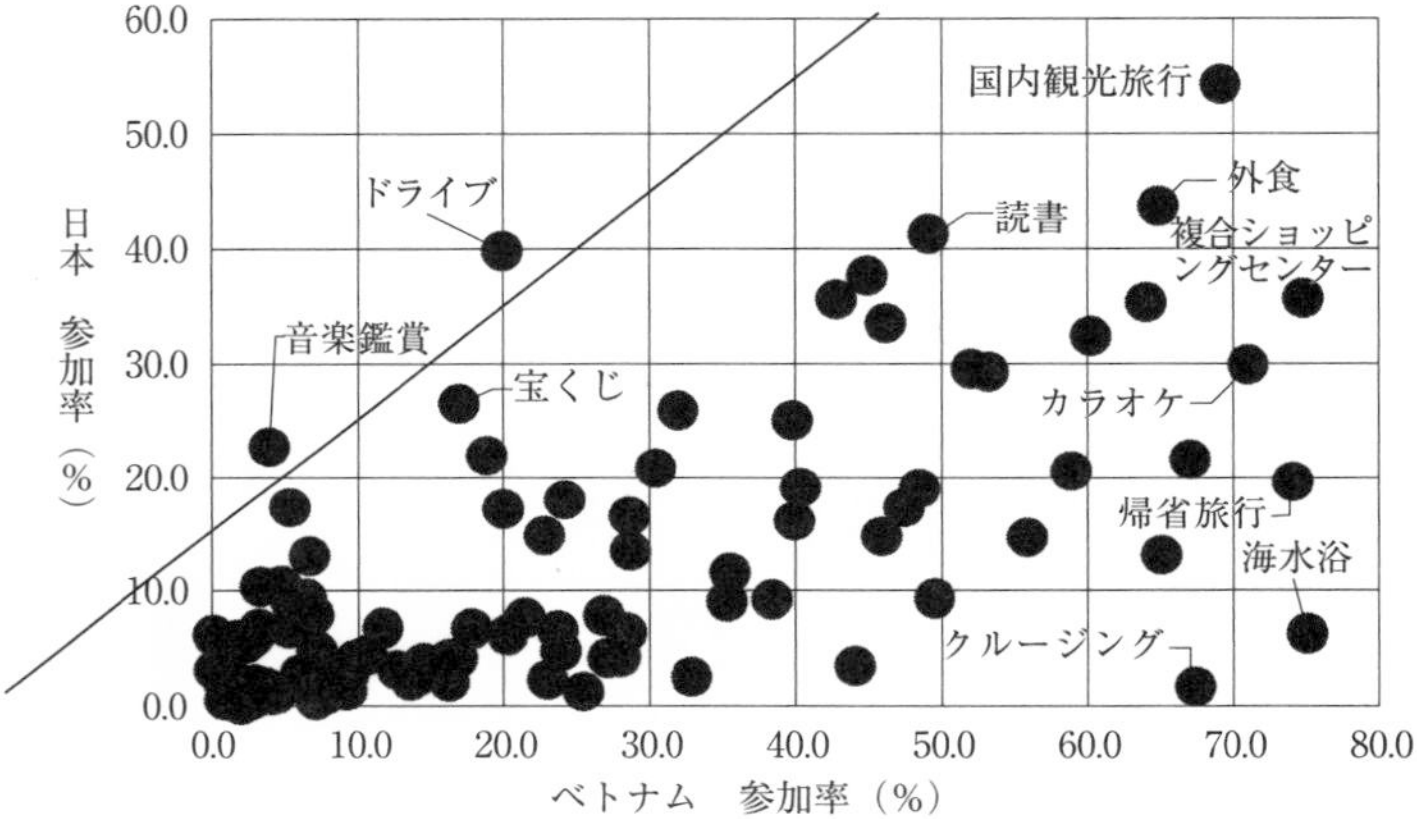

図 2−12　観光・レジャー活動参加率の日越比較

（出所）　日本のデータは『レジャー白書』，ベトナムは独自調査。

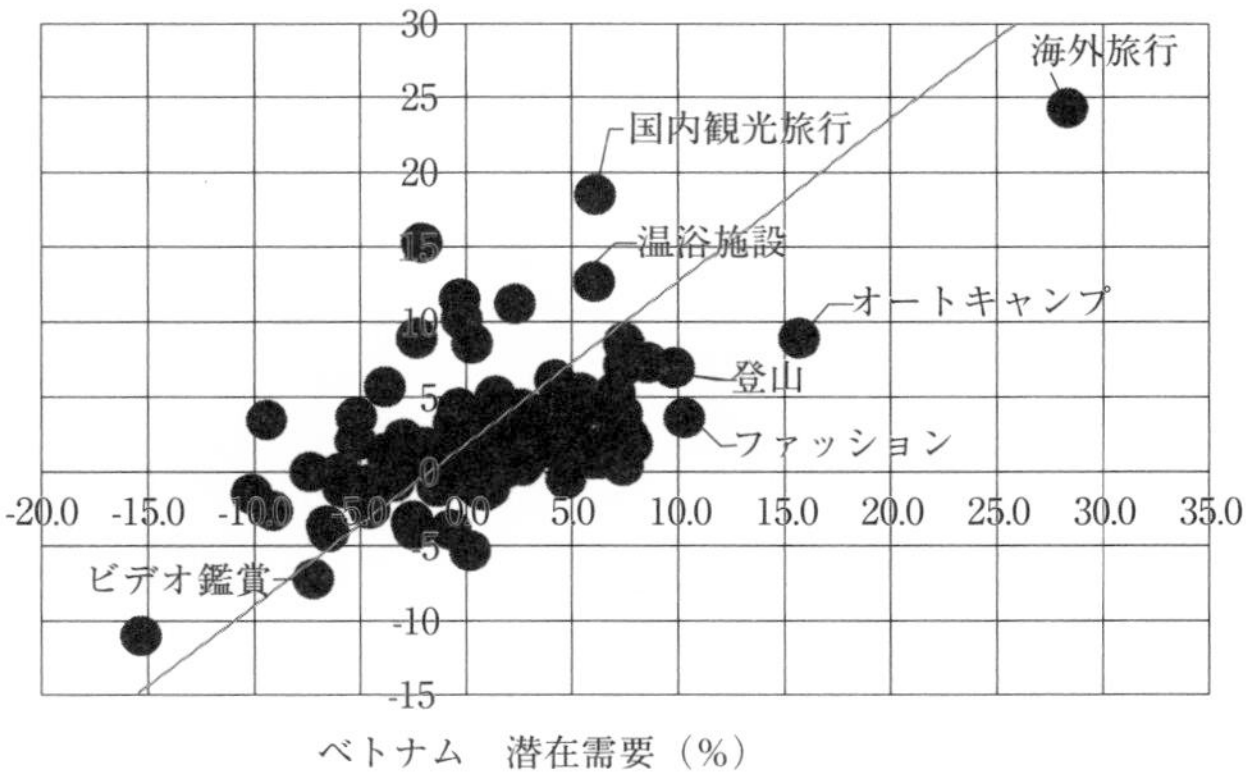

図 2−13　観光・レジャー活動潜在需要の日越比較

（出所）　日本のデータは『レジャー白書』，ベトナムは独自調査。

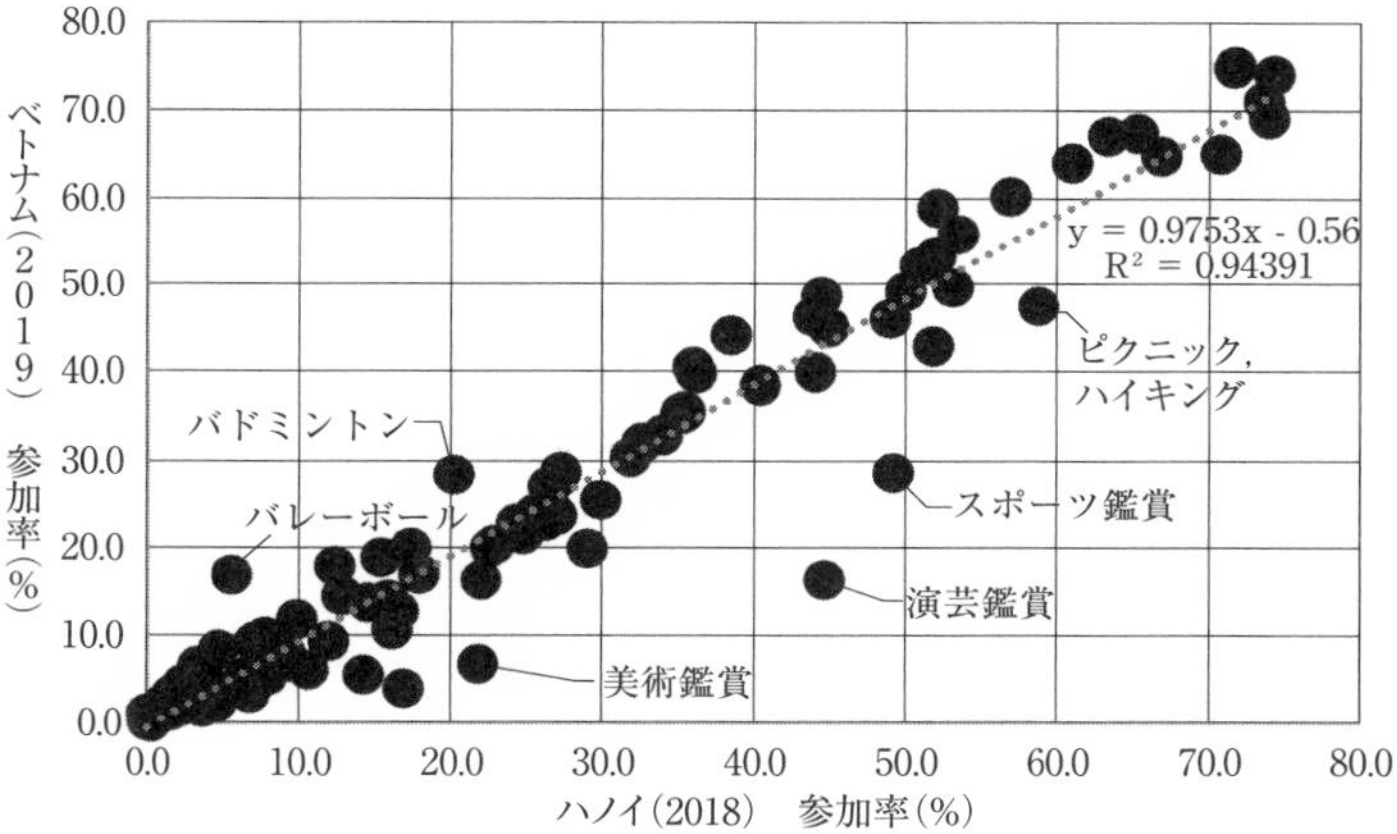

図 2−14 ベトナム広域(2019)とハノイ(2018)の参加率の比較

(出所)『レジャー白書』と同様の調査方法で独自調査。

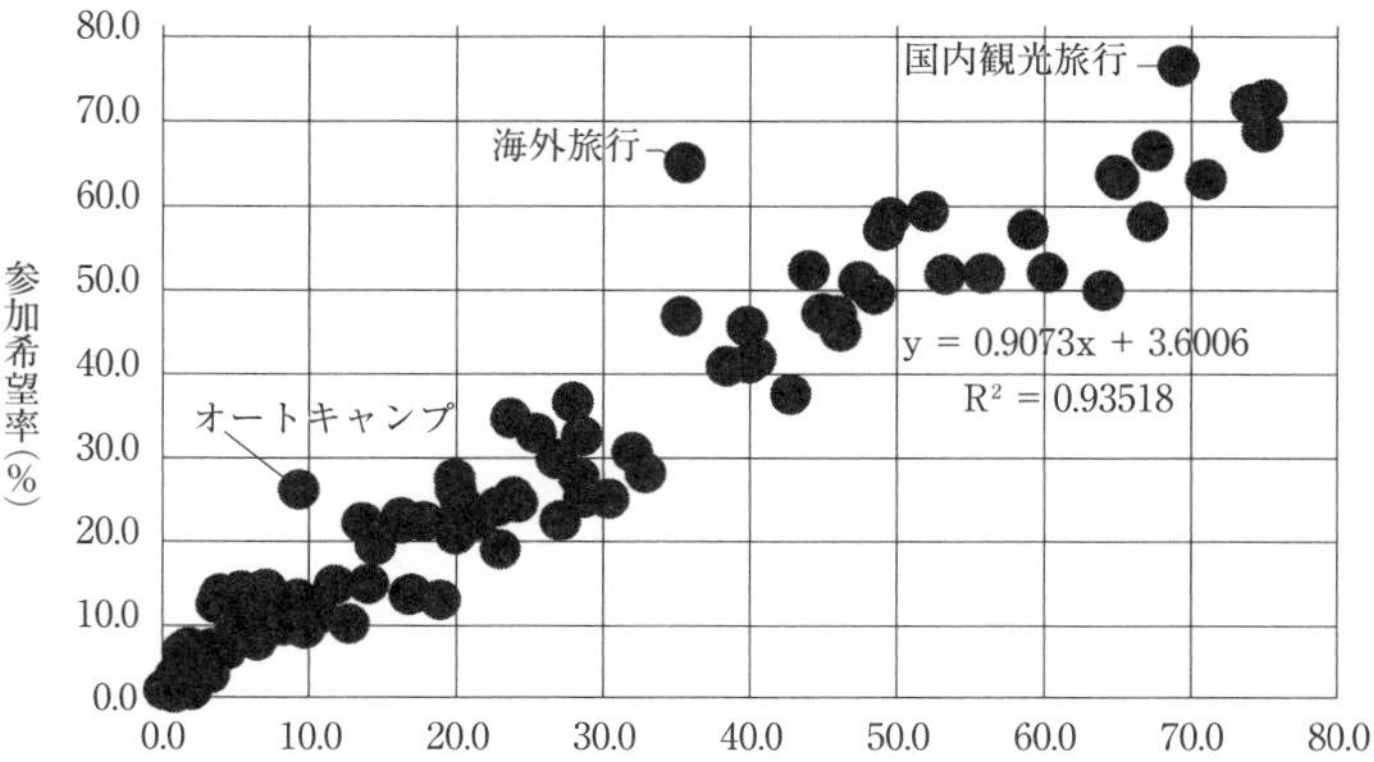

図 2−15 ベトナム(2019)における参加率と参加希望率の関係

(出所)『レジャー白書』と同様の調査方法で独自調査。

船による船旅ではなく、身近な船による観光が普及しているようだ。逆に、日本のほうがドライブ、宝くじ、音楽鑑賞の参加率が高い。

なお、一人当たり平均参加種目数をみると、ハノイだけでは二五・一種目、ベトナム広域では二五・〇種目と同等であり、これは日本より圧倒的に多い。

潜在需要（参加希望率から参加率を減じたもの）を日越比較すると（図2－13）、ベトナムは日本の水準と大差がない。ベトナムのほうが日本より潜在需要が大きいのは、海外旅行、オートキャンプ、登山、ファッションが挙げられる。逆に、日本のほうがベトナムより潜在需要が大きいのは国内観光旅行と温浴施設である。

二〇一九年に調査したベトナム広域と二〇一八年に調査したハノイのレジャー活動参加率を比較すると、相関関係がみられた（図2－14）。ベトナム広域はハノイより、バドミントンとバレーボールの参加率が高く、ハノイはピクニック・ハイキング・野外散歩、スポーツ観戦、演芸鑑賞、美術鑑賞の参加率が高い傾向がみられた。

ベトナム広域における、レジャー活動参加率と参加希望率には相関関係がみられる（図2－15）。これは、二〇一八年に調査したハノイにおいても同様である。国内観光旅行は参加率が高く潜在需要もプラスであり、海外旅行とオートキャンプは潜在需要が特に大きい。

表 2−5　ベトナム（2019）における参加率・潜在需要の上位

順位	種目	参加率	種目	潜在需要
1	海水浴	75.1	海外旅行	28.4
2	複合ショッピングセンター，アウトレットモール	74.8	オートキャンプ	15.7
3	帰省旅行	74.1	ボランティア活動	10.3
4	カラオケ	71.0	登山	9.8
5	国内観光旅行	69.1	音楽コンサート	8.5
6	クルージング	67.4	サウナ	7.8
7	体操	67.0	簡易ゴルフ（パークゴルフ，グラウンドゴルフなど）	7.6
8	写真制作	65.1	エステ	7.5
9	外食（日常的なものは除く）	64.9	観劇（テレビは除く）	7.4
10	ビデオ鑑賞（レンタルを含む）	64.0	クラブ，キャバレー	7.4
11	ウォーキング	60.2	カヌー，ラフティング	7.3
12	ジョギング，マラソン	58.9	農園	7.0
13	料理（日常的なものは除く）	55.9	読書	6.7
14	ウインドウショッピング	53.2	フィールドアスレチック	6.3
15	温浴施設	52.1	ドライブ	6.3
16	サウナ	49.5	国内観光旅行	6.1
17	読書	49.1	温浴施設	6.1
18	バーベキュー	48.5	ディスコ	5.9
19	ピクニック，ハイキング，野外散歩	47.4	演芸鑑賞（テレビは除く）	5.4
20	動物園，植物園，水族館，博物館	46.2	お花	5.0
21	催し物，博覧会	45.9	ペット	5.0
22	映画（テレビは除く）	44.9	模型づくり	4.8
23	農園	44.0	園芸，庭いじり	4.7
24	音楽鑑賞（配信，CD，レコード，テープ，FMなど）	42.8	お茶	4.6
25	遊園地	40.4	ファッション（楽しみとしての）	4.6
26	学習，調べもの	39.9	洋楽器演奏	4.4
27	園芸，庭いじり	39.8	絵を描く，彫刻	4.3
28	水泳（プールでの）	38.4	ゴルフ（コース）	4.3
29	海外旅行	35.5	陶芸	4.2
30	ボランティア活動	35.3	ハンググライダー，パラグライダーなど	4.0

（出所）『レジャー白書』と同様の調査方法で独自調査。

最後に、ベトナムにおける参加率と潜在需要の上位三〇位を掲載する（表2－5）。潜在需要の比較的大きい活動として、ボランティア活動、登山、音楽コンサート、サウナ、簡易ゴルフ、エステが挙げられる。

7 アジア地域における観光・レジャー活動をつうじた国際交流の活発化

以上のとおり、アジア近隣諸国および東南アジアの一部の国の都心においては、日本より活発な観光・レジャー活動が行われており、潜在需要も大きいことがわかった。ここでは、アジア近隣諸国や東南アジア、あるいはアジア地域において、観光・レジャー活動の活発化が国際交流にどのように寄与するか整理しておく。

まず、いずれの国においても潜在需要が最も大きい海外旅行が活発化すれば、国際間移動が促進され、結果として国際交流は盛んになる。コロナ禍などの非常事態で一時的に国際間移動が止まる、あるいは大きく縮小したとしても、混乱が収まった段階で需要が回復することは間違いない。そのため、日本と諸外国において、あるいは、日本以外の国と国のあいだにおいて、相互の海外旅行を促進する連携活動が望まれる。

そして、それぞれの国における国内観光やレジャー活動の活性化は、当該国における観光・レジャー活動の水準を高めることにつながり、その国民においても、そこを訪れる観光客にとっても有益である。当該国に日本の観光・レジャー関連企業が進出することにもつながる可能性がある。もちろん、アジア諸国から日本へ関連企業が進出してくる可能性もある。その結果、個別の観光・レジャー活動をつうじて、そしてその関連ビジネスをつうじて、さまざまな交流が生まれ発展することとなる。

冒頭に述べたとおり、観光・レジャーを楽しむことは人間の普遍的な欲求である。平和で生活難・疫病などの心配のない社会情勢となれば、アジア地域あるいは世界各国において観光・レジャー活動は発展し、それをつうじた国際交流が活発化することは間違いない。

【参考文献】

ホイジンガ（一九六三）『ホモ・ルーデンス』（高橋 英夫訳）中央公論社。
山口有次（二〇二〇）「余暇活動の日越比較」日本生産性本部『レジャー白書二〇二〇』、一三六～一四〇ページ。
山口有次（二〇一九）「余暇活動の日越比較」日本生産性本部『レジャー白書二〇一九』、一二一～一二六ページ。

山口有次（二〇一八）「余暇活動の日中比較」日本生産性本部『レジャー白書二〇一八』、一二二～一二六ページ。

山口有次（二〇一七）「余暇活動の日韓比較」日本生産性本部『レジャー白書二〇一七』、一二四～一二七ページ。

山口有次（二〇一六）「余暇活動の日蒙比較」日本生産性本部『レジャー白書二〇一六』、一二二～一二六ページ。

山口有次（二〇一五）「余暇時間の日韓比較と韓国のレジャー特性」日本生産性本部『レジャー白書二〇一五』、一二三～一二六ページ。

山口有次（二〇一四）「日米レジャーデータ比較」日本生産性本部『レジャー白書二〇一四』、一〇七～一一一ページ。


（山口有次）

第3章　東アジア地域経済統合とワンアジア

「アジア共同体」（別の言い方としては、ワンアジア）という概念は、新しいものではなく今から二〇年以上前に提示され、それに関わる議論が活発になってきた。事実上、一九九〇年代以降世界経済のグローバリゼーションが進むなか、東アジア地域における国々は積極的に開放経済政策を展開し、各国間の経済関係の緊密化に伴い地域内の多くのメンバー国が高度経済成長を遂げ、東アジア経済を世界経済の重要な一極に変貌させた。一九九三年に発表された世界銀行の報告書は、この現象を「東アジアの奇跡」と評価した。

しかし、経済のほかに、政治体制または社会制度の面を含め総合的にみれば、アジア共同体は欧州連合（EU）モデルのように本格的に形成されるまでまだ数多くの難題を乗り越えなければならない。

本章は、政治経済学的な視点からみたワンアジア（One Asia）構想を体系的に理解いただき、同地域における「Ｗｉｎ－Ｗｉｎ」関係を構築するための課題と対策を考える力を養っていただくため、地域経済統合に関わる諸理論と最近までの二カ国間および多国間の関係に関するさまざまな動きを紹介することを目的としている。ただし、ここでのアジア共同体とは、東アジア（アセアン諸国と日本、韓国、中国）に限定し、東アジア地域経済統合の動きを中心に説明したい。

このため、以下では第一節は理論上なぜ地域経済の統合が必要なのか、また今まで東アジアの経済統合の動きについてどのように議論されていたかについて述べていく。第二節は、外国投資や国際貿易のデータを用いて東アジア地域統合の実態を説明する。第三節はアジア共同体の構築に向けてどのようなチャレンジが、または難題を乗り越えることが必要かを述べる。最後に第四節はワンアジアの将来に向けて前節で述べた難題を解決するためのいくつかの基本的な考え方を述べ、本章を括る。

1　地域経済統合に関わる諸理論とワンアジア構想

一九九〇年代に入ってから冷戦の終焉を背景に世界経済のグローバリゼーション（ボーダー

レス化）が高潮となり、東アジア地域（北東アジアと東南アジア）においても、多くの国は対外経済関係を開放し、貿易自由化を積極的に進め、自国の経済発展を図った。

しかし、なぜ経済を国際的に自由化することが必要になるのか、その理論的な根拠は何か。また現在、東アジア地域経済統合について理論上どのように議論されているのか。まず、これらの疑問を解いていこう。

自由貿易についての理論―比較生産費説（リカードモデル）―

自由貿易の経済効果は、比較生産費説によって明確に説明されたことが古くからよく知られている。この比較生産費説は、イギリスの経済学者、デヴィッド・リカード（一七七二～一八二三）が、一八一七年に出版された『経済学原理』のなかで提唱した理論である。

一九世紀当時、保護主義が主流となり欧州の多くの国々は「幼稚産業論」の影響を受け、自国の産業を育成することを目的に、外国から輸入を制限する政策を採用していた。この考え方に対して、リカードは輸入制限政策を打破するため、外国との貿易を自由化すれば自国の経済と外国の経済はともに繁栄すると主張した。

リカードの学説は相対価格と比較優位という中核的な概念を基に構築されてきた。具体的に、以下の二カ国二財モデルで説明することができる。

今、タイと日本という二カ国だけの世界で、それぞれの国は米と牛肉という二財だけを生産、消費する状況を想定しよう。無論、タイも日本も自国でどちらの財も生産することができるが、両国は要素賦存（例えば気候、天然資源、人口など）によって異なる生産能力を持つ。ちなみに、生産能力は労働者一人一定の時間（一時間、一日、一カ月など）で生産できる生産物の量で測定することもでき、逆に一単位の生産量に必要な労働量で測定することもできる。

タイと日本の米および牛肉の生産能力を、表3－1に示されるように考えてみよう。一般的に、二カ国の二財の生産能力の比較は、片方の国は片方の財に高い生産能力があり、もう片方の国は残りの財に高い生産能力がある場合もあれば、片方の国は両財に高い生産能力がある場合もある。前者は、当然それぞれの国は高い生産性のある財に生産を特化し、両国のあいだで貿易を行うと両国ともより豊かになると考えられる。しかし後者の方も、それぞれの国は片方の財に生産を特化し、貿易を行い、両国はともに

表3―1　タイと日本の米と牛肉の生産性

		必要な労働量	
		タイ	日本
生産量（1単位）	米	1	3
	牛肉	4	6

（注）　タイは，日本と比べて，米の生産も牛肉の生産も，より高い生産性があるため，絶対優位を持つ。
（出所）　筆者作成。

繁栄する可能性も存在する。

表３－１に示されるように、タイでは（農業にとって恵まれる自然条件があるため）米の生産も、牛肉の生産も日本よりも高い生産性がある。すなわち、両国であいだでは米の生産も牛肉の生産もタイが絶対優位をもつとみられる。

しかし、生産費を労働量の絶対値ではなく、機会費用で測定すると考えてみよう。経済のなかでは、労働は無限に存在するわけではなく、ある時点で見ると経済全体の労働量は限りがあり、ある財の生産に使えば、他の財の生産に使用しようとする労働量を減らす必要がある。すなわち、所与の労働量で、ある財の生産を行うと、別の材の生産量を減らすべきというトレードオフの問題が生じる。こう考えると、米の生産の機会費用は減らさなければならない牛肉の生産量で測定されることになる。

タイと日本における米と牛肉の相対価格（生産費の比較、機会費用）は表３－２に示される。具体的に、タイでは、一

表３―２　タイと日本における米と牛肉の相対価格

		各国での相対価格	
		タイ	日本
生産費の比較	米／牛肉	1/4	1/2
	牛肉／米	4	2

（注）　１単位の米の生産は，日本では 1/2 単位の牛肉と等しいが，タイでは 1/4 単位の牛肉と等しいので，タイは日本に比べて米の生産に比較優位を持つ。他方，牛肉の生産は，日本が比較優位を持つ。
（出所）　筆者作成。

単位の米の生産費は四分の一単位の牛肉となり、また一単位の牛肉の生産費は、四単位の米となる。なぜなら、タイで一単位の労働は一単位の米または四分の一単位の牛肉を生産することができるからである。同様の考え方で、日本では、一単位の米の生産費は、二分の一単位の牛肉となり、また一単位の牛肉の生産費は、二単位の米となる。

両国間で両財の生産能力を相対価格（生産費の比較）で見るとき、より小さい機会費用の財の生産能力をもつ国は、その財の生産に（残りの国に比べ）比較優位があるといえる。

我々の例では、一単位の米の生産費は、日本では二分の一単位の牛肉と等しいが、タイでは四分の一単位の牛肉と等しいので、タイは日本に比べて米の生産に比較優位をもつ。他方、牛肉の生産は、日本が比較優位をもつ。

それぞれの国は比較優位をもつ財の生産に特化して、一米対三牛肉の交換レートで交易を行うと、両者がともに得になり、ＷｉｎーＷｉｎ関係が成立すると考えられる。なぜなら、タイでは一牛肉を生産するのに、四米の生産を諦める必要があるため、日本との交易で一牛肉を得るため、三米しか必要がないので、一米の得になる。また、日本では一牛肉の生産を諦めれば、二米を生産することができるが、タイとの交換で、一牛肉をあげれば、三米を貰えるので、一米の得になる。

自給自食（閉鎖経済）の場合と生産特化、貿易を行う場合の相違を見るため、表３－３の最初の二行（自給自食）に示されるようにタイと日本の労働量、生産量および消費量をもう少し詳しく仮定しておこう。

例えば、タイは所与の労働量が二八〇単位（二八〇人）あり、八〇単位の労働を米の生産に注ぎ、残り二〇〇単位の労働を牛肉の生産に使用すると、米と牛肉の生産量は消費量でもあり、それぞれ八〇単位と五〇単位となる。同様、日本は所与の労働量が七二〇単位あり、米と牛肉の生産・消費量はそれぞれ一二〇単位と六〇単位となる。

今、タイは比較優位のある財の生産に特化するためすべての労働を米の生産に使用すると、二八〇単位の米を生産することができる。一方、日本はすべての労働を牛肉の生産に特化し、一二〇単位の牛肉を生産することができる。次に、一牛肉対三米の交換レートで、日本は自分の生産量のうち、五五単位の牛肉をタイに輸出し、タイから一六五

表 3－3　比較優位による生産の特化，貿易とその経済効果

		生産量		消費量		必要な労働量
		米	牛肉	米	牛肉	
自給自食	タイ	80	50	80	50	280
	日本	120	60	120	60	720
生産特化，貿易	タイ	280	0	115	55	280
	日本	0	120	165	65	720
経済効果	タイ			+35	+5	
	日本			+45	+5	

（出所）　筆者作成。

単位の米を輸入する（タイからみると、一六五単位の米を輸出し、五五単位の牛肉を輸入することになる）。

生産特化と貿易の場合、それぞれの国の消費量は貿易後の自国で生産量と貿易量の合計なので、表3－3に示されるように、タイと日本の消費可能の量は、それぞれ一一五米・五五牛肉と一六五米・六五牛肉となる。結果的に、生産特化と貿易により、タイと日本の追加消費可能の量は、それぞれ三五米・五牛肉と四五米・五牛肉となる。

以上のように、絶対優位ではなく、比較優位を基に生産の特化と貿易（交易）、すなわち対外経済開放または貿易自由化を行えば、自国の経済も相手国の経済もより豊かになることがわかるだろう。

次に、地域経済統合について国際政治経済学や地域研究の分野でどのように議論されるか簡単に紹介したい。

地域経済統合についての理論的な説明

地域統合についての研究は、新しくはないが古くもなく、一九六〇年代からＥＵの地域統合の問題を中心に展開し始めた。今までの研究を参考に、ⓐ地域経済統合のプロセスにとそ

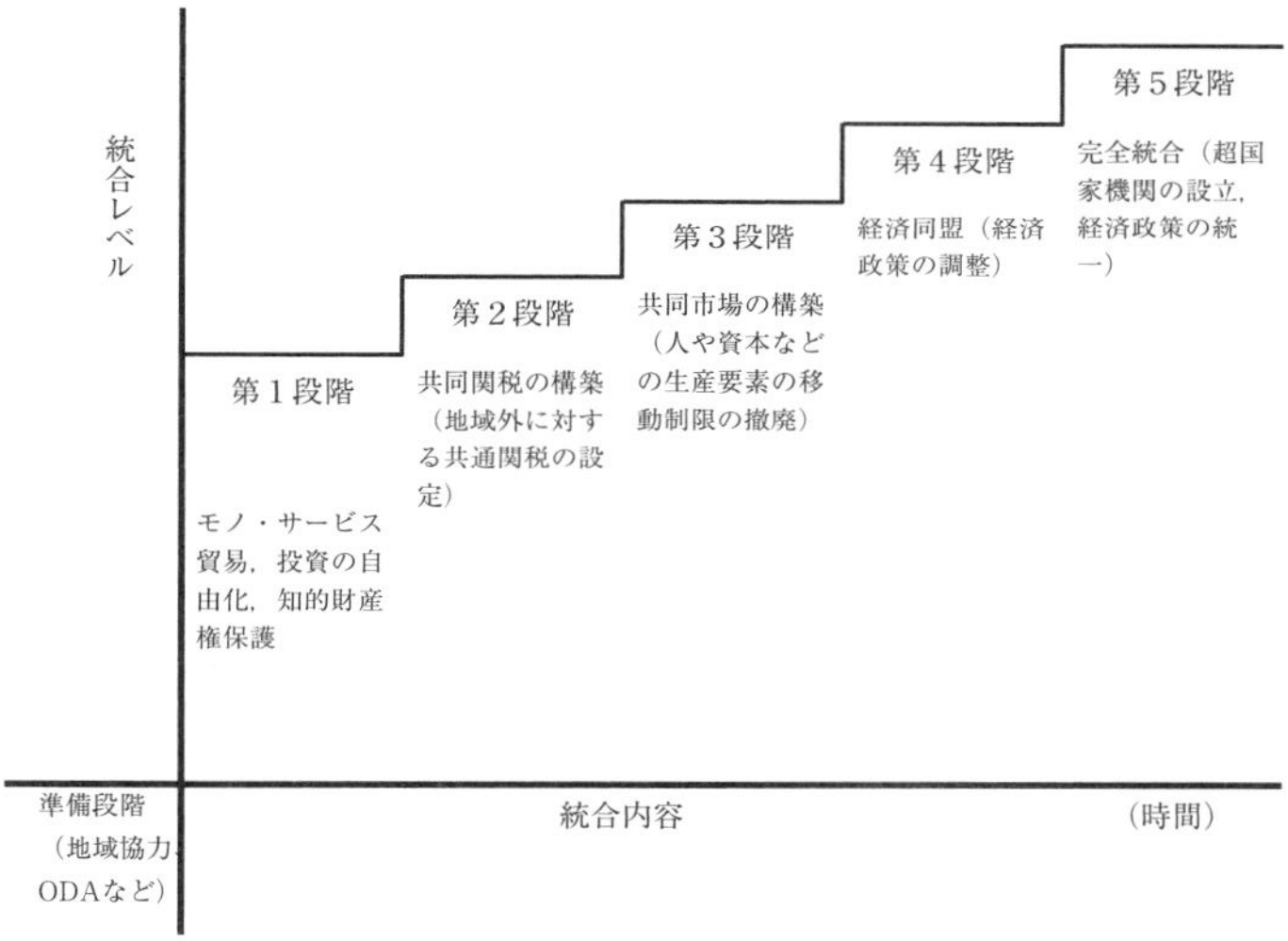

図３−１　地域経済統合のプロセス

（出所）　Balassa, Bela (1961), *The Theory of Economic Integra-tion*, Homewood: R. D. Irwin を参考，作成。

の効果（経済統合の段階論、貿易効果論）、ⓑ地域経済統合の方法（事実上の経済統合と制度上の経済統合）、またⓒ東アジア地域の経済統合の特徴（フラグメンテーションと産業内貿易論、三角貿易構造）について説明したい。

ⓐ地域経済統合のプロセスとその効果

Bella Balassa(1961)は、図３−１に示されるように地域経済統合を五段階に分け、それぞれの段階の統合内容を次のように説明した。

経済統合プロセスが開始する

前、地域内各国の経済社会のハードとソフトインフラの両面で過剰な格差をなくす必要がある。例えば、交通（道路、港湾）やエネルギーの供給（電力）などのハード面でのインフラの整備、また市場経済を機能させる私的所有権の法的な保障の制度作りは、地域内近隣諸国と比べ取り残される国々への支援が必要である。これらは政府開発援助や国際協力の活動を通じて、非援助国の経済が同地域に参加可能な競争力をもつまで実施され続ける。

本格的な地域経済統合のプロセスの第一段階は、モノ・サービス貿易および投資の自由化また知的財産権の保護から始まる。輸出入や外国直接投資の流入が自由になれば、自国の比較優位がある産業分野に投資が集中し、自国の経済の競争力が強化され、地域統合への合流は次のステップに押し上げられる。第二段階は、地域外に対する共通関税が設定され、共通市場の構築のための準備段階でもある。第三段階は、人や資本などの生産要素の移動の制限を、第一段階の投資の自由化よりも、完全に撤廃し、共通市場の構築を目的とする。第四段階は、地域内すべてのメンバー国が経済同盟として、経済政策を調整し、制度的な差異を最小化する。第五段階は、超国家機関を設立したり、経済政策を統一化したりし、完全統合に向かう。

地域経済統合の貿易効果について、大まかにいえば二つ、貿易の静態的効果と動態的効果がある。

貿易の静態的効果は、また貿易創出効果（Trade Creation Effect）と貿易転換効果（Trade Diversion Effect）に分けられる。前者は、関税撤廃により、域内国間で、貿易が新たに発生するという効果である。貿易創出効果は地域の経済効率を向上し、経済厚生を改善すると考えられる。一方、後者は関税同盟により、以前では域外の世界中で最も効率的な生産国からの輸入は、関税撤廃によって輸入価格が低下した域内からの輸入に代替されてしまう状況である。これはマイナス効果ともいえ、経済効率を低下し、経済厚生を悪化させてしまう。

貿易の動態的効果は、資本蓄積効果（Capital Accumulation Effect）と生産性上昇効果（Productivity Enhancement Effect）がある。前者は、関税撤廃により、域内市場が拡大され、域内への直接投資（新しい工場の建設など）を推進し、結果的に資本蓄積が増加する。また、後者の方は、市場の拡大に伴い競争が活発化し、技術革新を推進させ、最終的に生産性が上昇すると考えられる。

ⓑ地域経済統合の方法

上述の地域統合プロセスを推進するため、通常二つの方法が考えられる。それらは、事実上の統合（de facto economic integration）と制度上の経済統合（de lure economic integration）である。

事実上の経済統合とは、地域内のメンバー国が異なるレベルで自国の経済を開放していくなかで、比較優位原理に基づいて、市場の力で貿易と投資は段階的に活発になり、徐々に生産経営の国際分業ネットワークが形成、拡大すると、メンバー国間で、双方向的または多角的に経済関係が密接化され、各国の経済制度の差異が事実上縮小していくことである。

一方、制度上の経済統合は、各国の政府が主導して、国際会議を通じて国際条約を締結し、国際通商のルール化や制裁装置の設置、また国際機関の設立などで地域経済を制度的に統合させる方法である。

この二つのルートは、一般的に事実上の経済統合の動きが自発的に先に発生し、一定のレベルで必然的に、制度上の経済統合の必要性が高まると考えられる。ただし、制度上の経済統合は、政府間の合意の力により、地域経済統合プロセスを加速させ、また高いレベルの経済統合を実現するため、欠かせない方法だといえる。

ⓒ東アジア地域経済統合の特徴

現在、東アジア地域において経済統合は第一段階で進行中とみられ、制度上の経済統合よりも事実上の経済統合が注目されている。今までの動きを観察すれば東アジア地域経済統合は大きく分けて二つの特徴がみられる。それは、フラグメンテーション（産業内貿易）の進展と同地域内三角貿易構造の形成である。

第一の特徴について、木村福成（二〇〇三）に説明されたように、東アジア地域内において物的インフラ（道路、港湾など）および制度的インフラ（サービス業の自由化、貿易管理など）の整備により、国際流通・運輸ネットワークの発達はサービス・リンク・コストを低下させ、あらゆる製造業分野において生産工程は分割され海外に移転される。地域内の生産要素の比較優位に基づき、従来産業レベルでの国際分業と異なり、産業内工程間の国際分業ネットワークが形成しつつある。このうち、中国やアセアン諸国に集中する生産活動は、主に労働集約型生産工程であり、一方日本およびアジアＮＩＥｓでは資本または技術集約型生産工程が行われている。

第二の特徴は、前者と密接に関わり、生産要素の比較優位に基づく産業内工程間の国際分業により、東アジア地域と対地域外との関係において、三角貿易構造が形成しつつある。図３－２に示されるように、「日本・アジアＮＩＥｓ」と「中国・アセアン」と「欧米市場」は国際貿易関係上、三角貿易の三極となり、それぞれの三角の辺は生産活動のフラグメンテーションの進展の結果を反映する三極間の関係を表す。

すなわち、「日本・アジアＮＩＥｓ」は資本集約型生産工程・産業が集中する極として、最

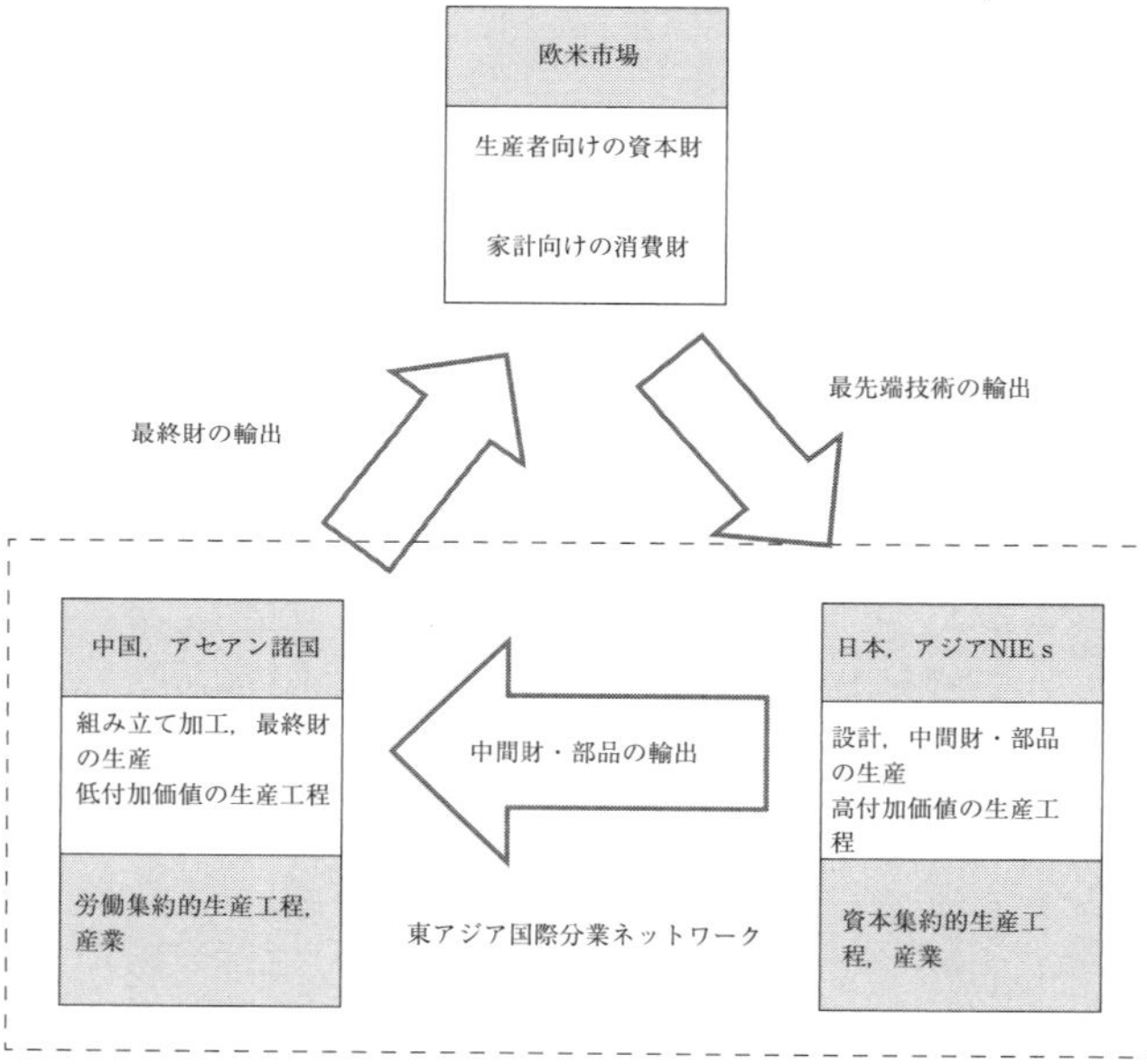

図３−２　東アジア国際分業ネットワークと三角貿易構造
（出所）　筆者作成。

先端技術を欧米から輸入し、高付加価値の生産工程とみられる設計や高度技術使用の中間財・部品を生産し、中国・アセアンに輸出する。

一方、「中国・アセアン」は、労働集約型生産工程・産業が集中する極として、日本・アジアＮＩＥｓから部品や中間財を輸入し、低付加価値の生産工程とみられる組み立て加工や最終財を生産し、欧米市場に輸出する。

「欧米市場」は生産者向け

の資本財や家計向けの最終財などを中国やアセアンから輸入し、最先端の研究による技術を日本やアジアＮＩＥｓに輸出する。

２ 東アジア地域経済統合の実態

一九九〇年代以降、モノとカネの国際的な移動が活発になり、事実上の地域経済統合が生じ始め、二〇〇〇年代から制度上の統合の動きが加わり、東アジア地域全体の経済統合プロセスが加速されるとみられる。

この節で、貿易（輸出入）および投資（直接投資と証券投資）のデータを参考にしながら事実上の地域経済統合を確認し、また二カ国間の自由貿易協定（Free Trade Agreement）や経済連携協定（Economic Partnership Agreement）および多国間の構想（アセアン＋３やＲＣＥＰ、ＴＰＰ、ＦＴＡＡＰなど）に触れながら制度上の地域経済統合の現状を説明する。

事実上の地域経済統合―貿易と投資の絶えざる拡大―

ⓐ東アジア地域内貿易と直接投資の拡大

一九九〇年から東アジア地域内の貿易額も対地域外の貿易額も絶えず拡大し続けていた。図3‐3は、日本、東アジア（韓国、台湾、香港、中国）、アセアンと世界という四つの極間の貿易（輸出入）額を表す。これをみると、次の特徴がある。

第一は、全体的にこの約三〇年間、日本、東アジア、アセアンの双方の輸出入額、またそれぞれの国・地域の対世界の輸出入額は、いずれも大きく変わってきた。この変化の背景には、実際に日本およびアジアＮＩＥｓの対東アジアと対アセアンの直接投資の積極的な展開があった（後述）。

第二は、一九九〇年にこの貿易関係ダイアモンドの主要軸は、日本と世界の間の輸出入であったが、一九九七年以降、東アジアと世界のあいだの輸出額に入れ替わった。現在、東アジアから世界への輸出および世界からの輸入額は、日本の世界への輸出および世界からの輸入額と比べ、いずれも、約五倍前後となった。東アジアの対世界貿易の急拡大は、実際に「中国の台頭」に密接に関わる(1)。

第三は、一九九〇年から二〇〇七年まで、日本の対東アジアおよび対アセアンの貿易額の変化は日本の対世界の貿易額の変化と正の相関関係があったが、二〇〇七年以降それは負の相関関係となった。これは、日本の対東アジアおよびアセアンの直接投資がそれぞれの地域

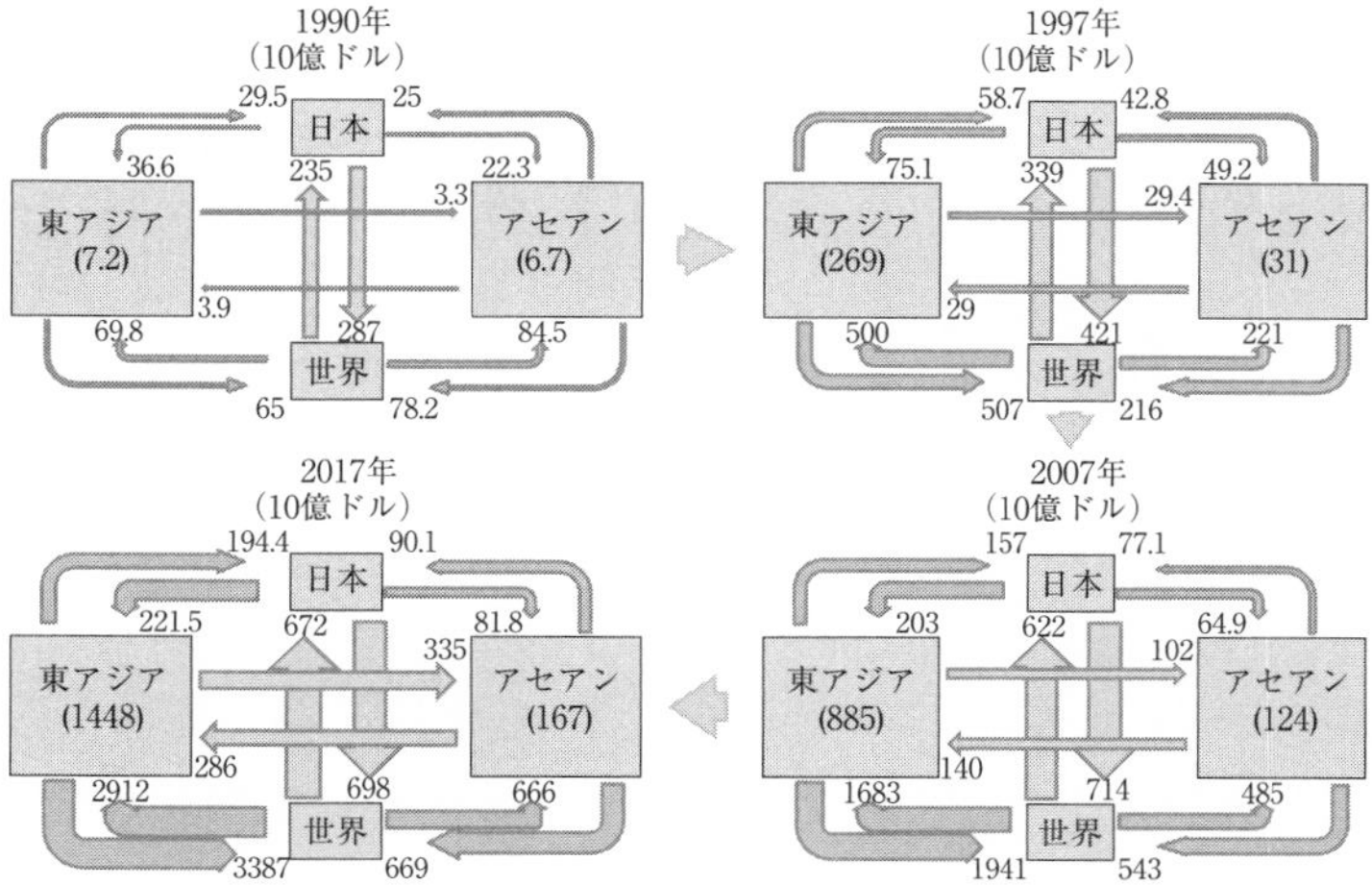

図 3－3　東アジア対地域内外の貿易の拡大

（注）　矢印は輸出額を示す。東アジアとアセアン内のデータは地域内のメンバー国間の輸出と輸入額の合計である。

（出所）　JETRO 世界貿易投資オンラインデータを参考，作成。

の産業高度化を推進する効果により説明され得る。すなわち、二〇〇〇年代前半まで東アジアおよびアセアンに進出する日本企業は、現地で加工貿易の生産を行い、原材料や半製品を一旦日本に持ち帰り、日本で追加加工を行った後、世界に輸出する傾向があった。しかし、日本企業の海外進出により、技術移転効果などを通じて現地企業の競争力および産業行動化が進み、次第に従来日本での最終加工工程が現地で行われ、直接に世界に輸出することになった。

第四は、東アジアとアセアンの

現地市場規模が急速に拡大されたことである。一九九〇年と比べ二〇一七年に東アジアとアセアン地域内（メンバー国間）の輸出入額は、それぞれ二〇〇倍以上と二〇倍以上も増えた。これらの数字は、東アジアとアセアン諸国の急速な経済発展を反映する。特に、東アジアのうち、中国の市場は絶えず急スピードで拡大されつつあり、世界経済を左右するレベルにまで成長してきたとみられる。

上述のアセアンを含む東アジア広域の貿易の拡大は、同地域での外国直接投資の受け入れの拡大に密接に関連している。図３‐４は毎年東アジア諸国の外国直接投資の受入額を表す。全体的に、総額は二〇一四年にピークとなったあと最近まで逓減したが、全期間（一〇年間）を見ると、世界全体の外国直接投資額が逓増する傾向がある。より詳しく見ると、世界全体の外国直接投資額のうち、東アジア広域のシェアは二〇〇八年に約一三％であったが、二〇一七年に二七％になり、特にこの間、世界の外国直接投資額の逓減に対して、東アジア広域への投資額が逓増することから、やはり貿易と同様、東アジアは外国資本にとって注目される投資先であることが分かった。(2)

また、東アジアのうち、中国と香港の外国直接投資の流入額が地域全体の大半となり、アセアングループのなかに、シンガポールへの直接投資の流入額が目立った。そのなかで、近

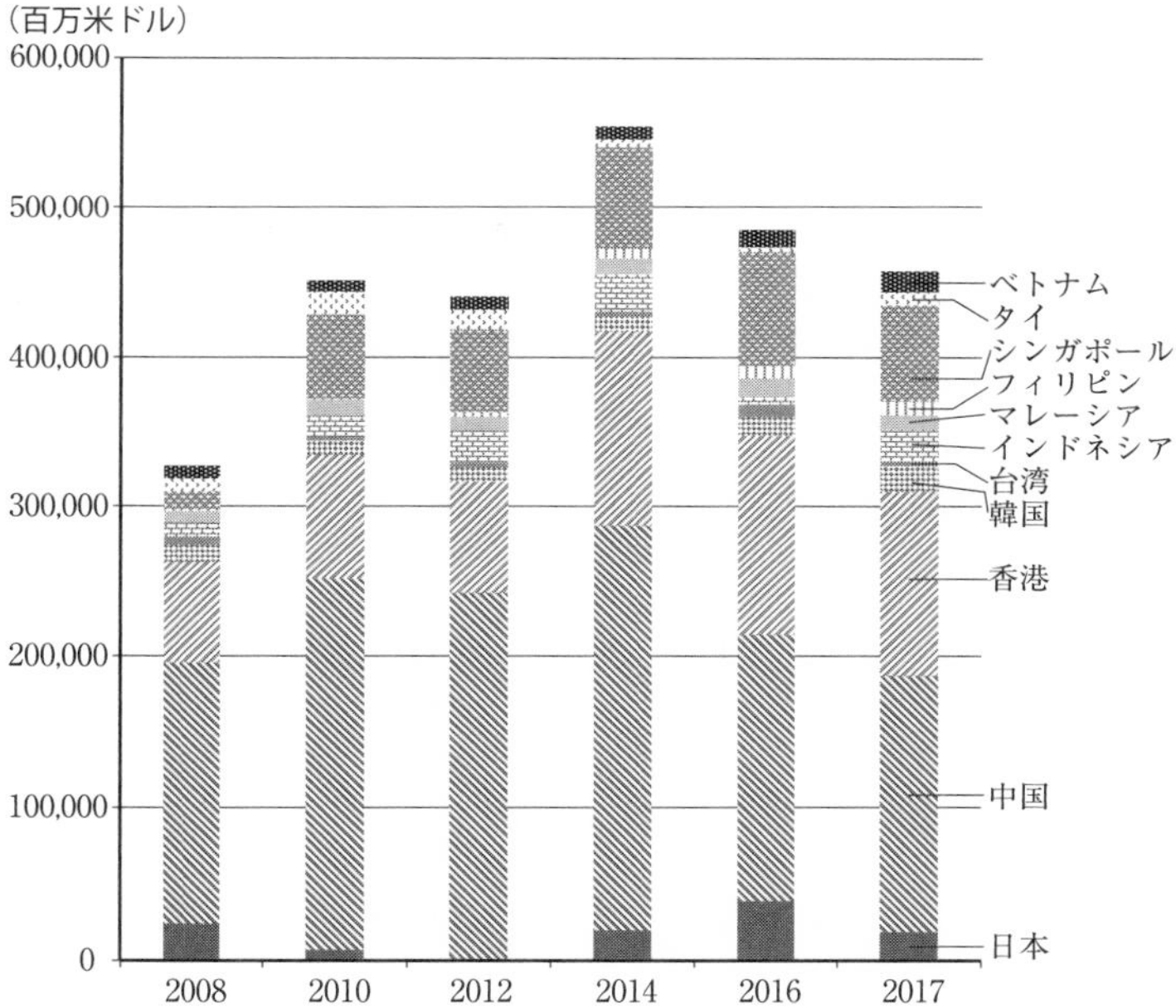

図3−4　東アジア諸国の外国直接投資の受け入れの拡大

(出所)　国際貿易投資研究所『世界主要国の直接投資統計集 (2018年版)』を参考，作成。

年ベトナムの外国直接投資額も急速に伸び、近年アセアン先発国のタイ、マレーシア、フィリピンを追い越している。

ⓑ日本の直接投資と東アジア地域での産業高度化

東アジア地域における外国直接投資のなかで特に重要なのは日本からの直接投資である。図3−5は、日本

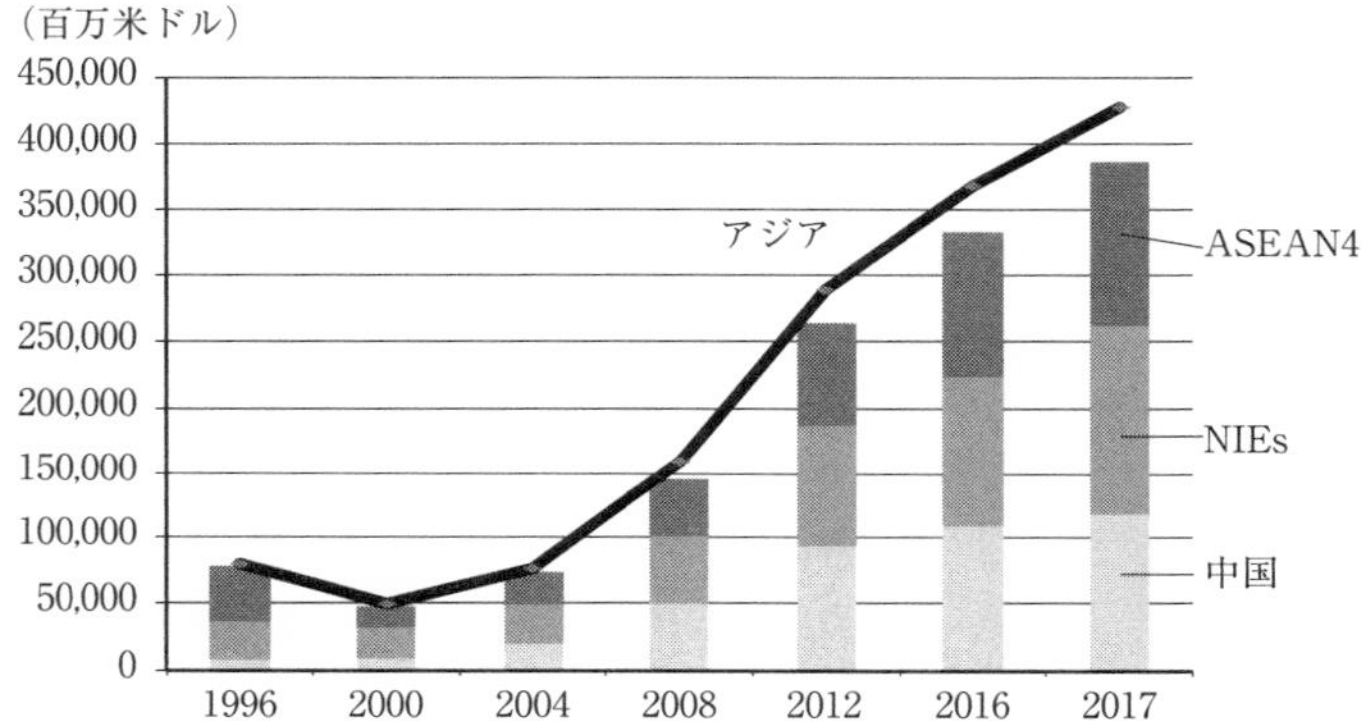

図 3−5　日本から東アジア諸国・地域への直接投資の拡大

（出所）　JETRO 世界貿易投資オンラインデータを参考，作成。

から中国、アジアＮＩＥｓ、アセアン、その他のアジア（インドや西アジア諸国）への直接投資額の推移である。

グラフに示されるように、近年日本からアジア諸国への直接投資は急速に拡大され、そのなかの大部分は東アジア地域に展開されていた。また、東アジア地域のなかで中国、アジアＮＩＥｓ、アセアンへの投資額はそれぞれ全体の三割程度のシェアを占める。ただし、アジアＮＩＥｓのなかで香港への投資額は半分以上のシェアを占め、このなかの多くは一旦香港を経由するが、その後さらに中国大陸に展開される投資である。

日本の直接投資が東アジア地域経済発展にとって最も重要なのは同地域での産業高度化を促す

効果である。一九九〇年代から最近まで、日本からの直接投資の特徴は、大まかにいえば、二〇〇〇年代前半まで、垂直貿易あるいは産業間貿易に繋がる労働集約型直接投資が主流となり、二〇〇〇年代半ば以降、混合（垂直と水平）型貿易あるいは産業内貿易に繋がる資本および技術集約型直接投資に転換しつつある。こうした変化は、東アジア地域内の産業高度化と国際分業ネットワークの形成をもたらした。

ここで、垂直貿易とは、先発工業国とキャッチアップ国のあいだでの、比較優位原理を基にした単一方向の貿易構造である。すなわち、先進工業国からキャッチアップ国に資本や技術集約型産業または生産工程の生産物が輸出され、逆にキャッチアップ国から先発工業国に労働集約型産業や生産工程の生産物が輸出されるという構造である。従来の垂直貿易の構造は、開発途上国は一次産品を輸出し、工業品を輸入するという特徴的な構造で、産業間貿易ともいわれた。

一方、水平貿易とは、先発工業国とキャッチアップ国のあいだでの双方向的な貿易構造である。すなわち、両者は相互に工業品を輸入しながら輸出することになる。むろん、水平貿易構造の場合でも、基本的にそれぞれの国は自らもつ比較優位のある財を輸出する。しかし、複雑な製造工業品の生産過程が細分化されることによって、同一の産業内（例えば自動車や産業機械など）の部品、中間材の生産も労働、資本および技術といった生産要素の集約どの違いにより国際的に分業され、キャッチアップ国でも工業品を生産、輸出する。

現在、東アジア広域における垂直と水平貿易構造の混在は、アジアＮＩＥｓやアセアン、中国、ベトナムなどで日本やアジアＮＩＥｓからの直接投資を積極的に受け入れ、各国内でも地域全体でも、雁行形態型産業発展プロセスが産業内および産業間で国際的に展開されたという雁行形態論により説明され得る。(3)

一般に、個別産業の雁行型発展プロセスは、図３－６に示されるように、原則的に導入・キャッチアップ期から始まり、成熟期を経て衰退期を迎えるとみられる。

導入期には、新しい産業（新しい財、商品）は輸入とそのデモ効果により国内需要が生じ始め、国内での生産の新規参入に刺激を与え、国内生産は輸入品を代替し、国内市場の競争で発展してく。当該産業の国際競争力は一定のレベルまでになると、国内需要を満たすと同時に、輸入に完全に代わって輸出が開始される。このように当該産業が発展し、成熟期を迎えていく。一定の生産規模まで拡大すると、生産要素（労働、資本）の規模による収穫逓減法則が働き、労働や資本などの比較優位を次第に失い、国際競争力がピークを越えると、生産活動が海外に展開され、当該産業が衰退期に入り、国内需要を満たすため、逆輸入が開始される。

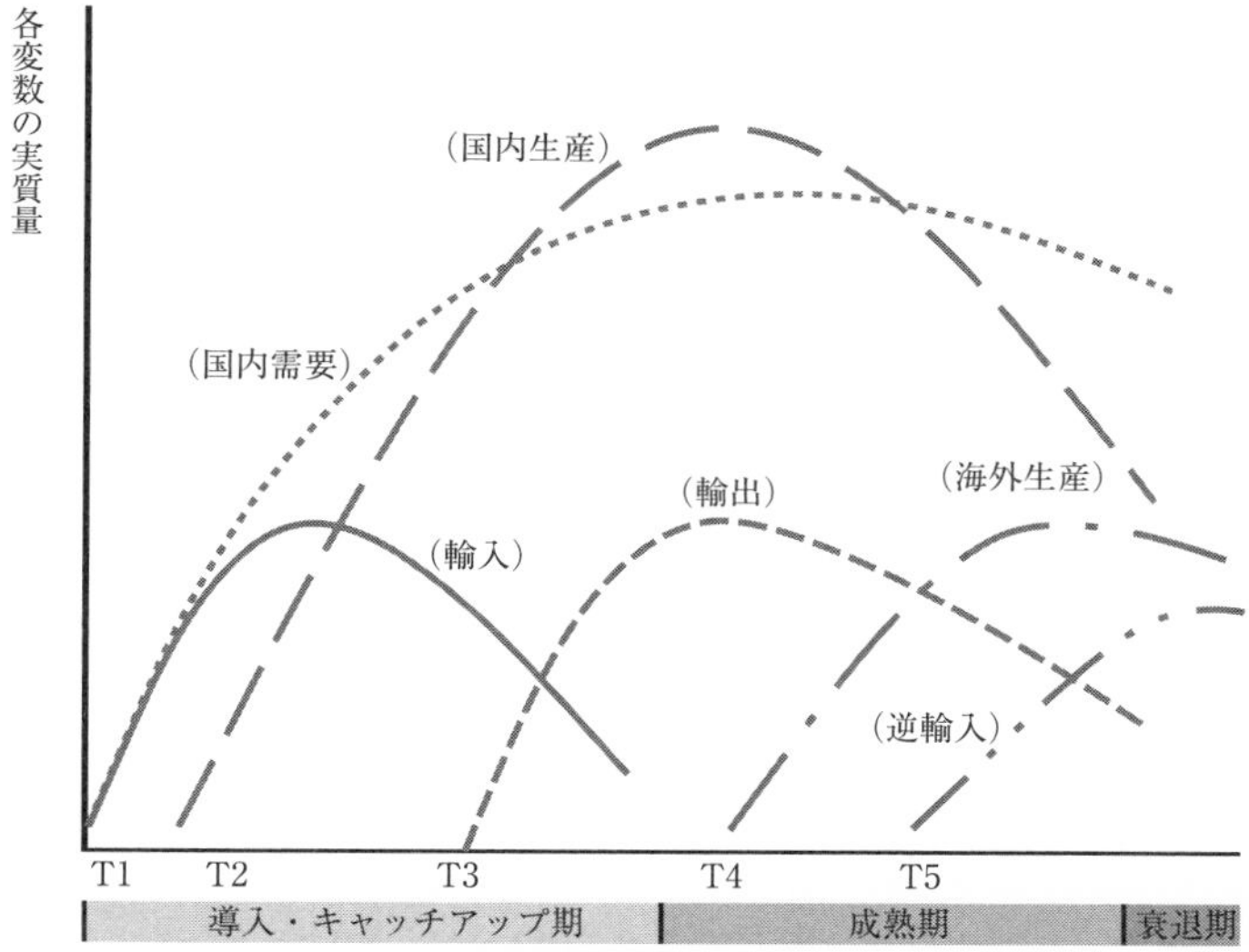

図３−６　雁行形態型産業発展プロセス

（出所）　筆者作成。

また、当該産業が衰退していくと同時に、より高次元（資本や技術集約、また高付加価値）の産業が登場し、雁行形態的な発展プロセスを繰り返しながら、産業間の雁行形態的な経済発展、いわば経済全体の産業高度化が実現される。

今説明した産業内および産業間の雁行形態的な経済発展プロセスは、一国の国境を越え国際的に展開すると、図３－７に示されるように、地域内各国間の一連の雁行形態型産業発展が実現され、地域全体の分業ネット

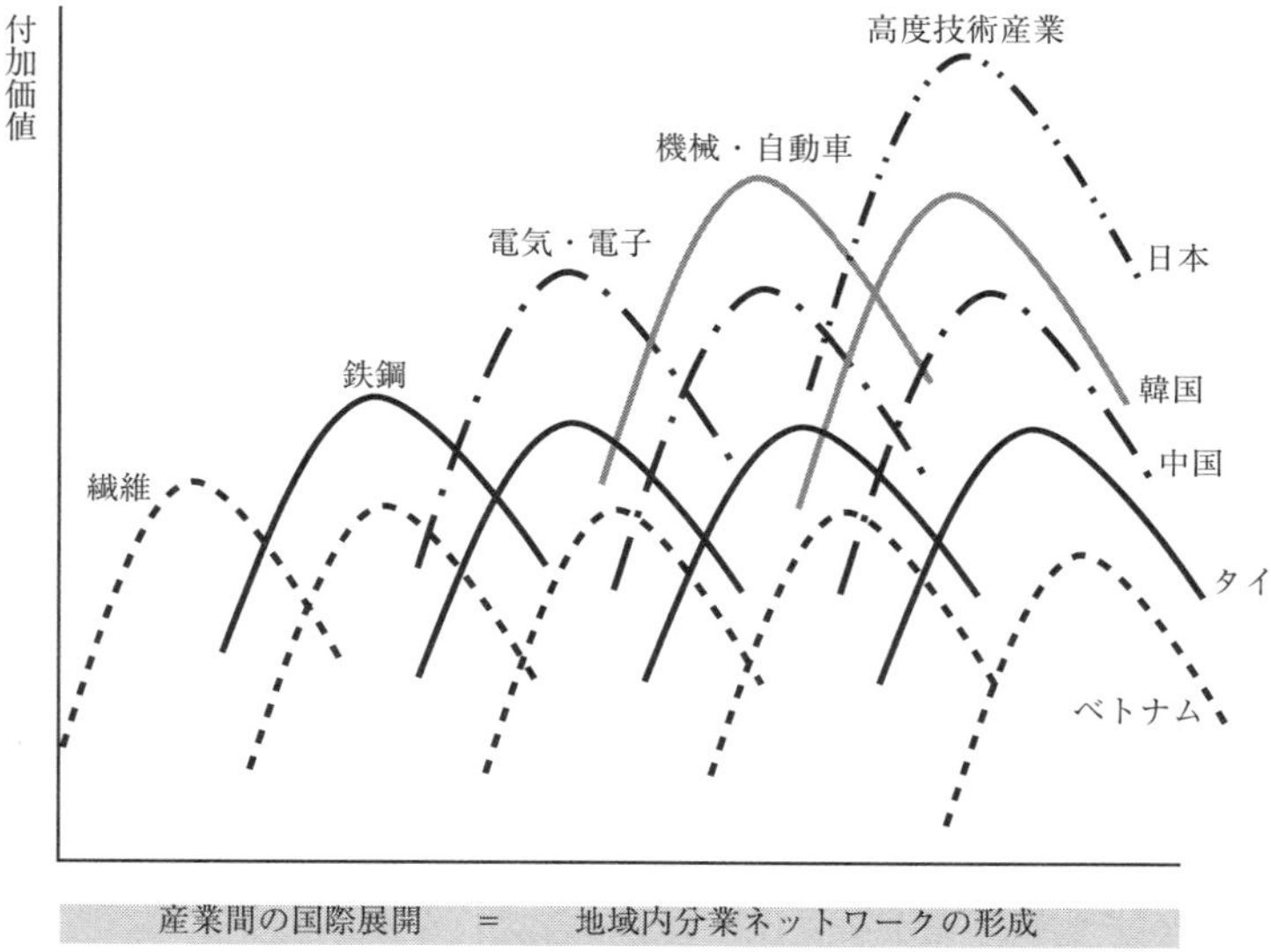

図３−７　産業間の雁行形態型発展と国際展開 ＝ 産業高度化プロセス
（出所）　筆者作成。

ワークの形成と同時に産業高度化が推進されると考えられる。

図３−７には、縦軸は付加価値を測り、横軸は時間でもありながら産業発展の国際展開の度合い（地理的な範囲など）を表す。最初に、繊維産業（労働集約的な産業）は日本で発展し、衰退期を迎えると韓国に移転され、日本では鉄鋼産業（資本集約的な産業）が新しく登場する。このプロセスがより広い範囲で国際的に展開すると、地域内の分業

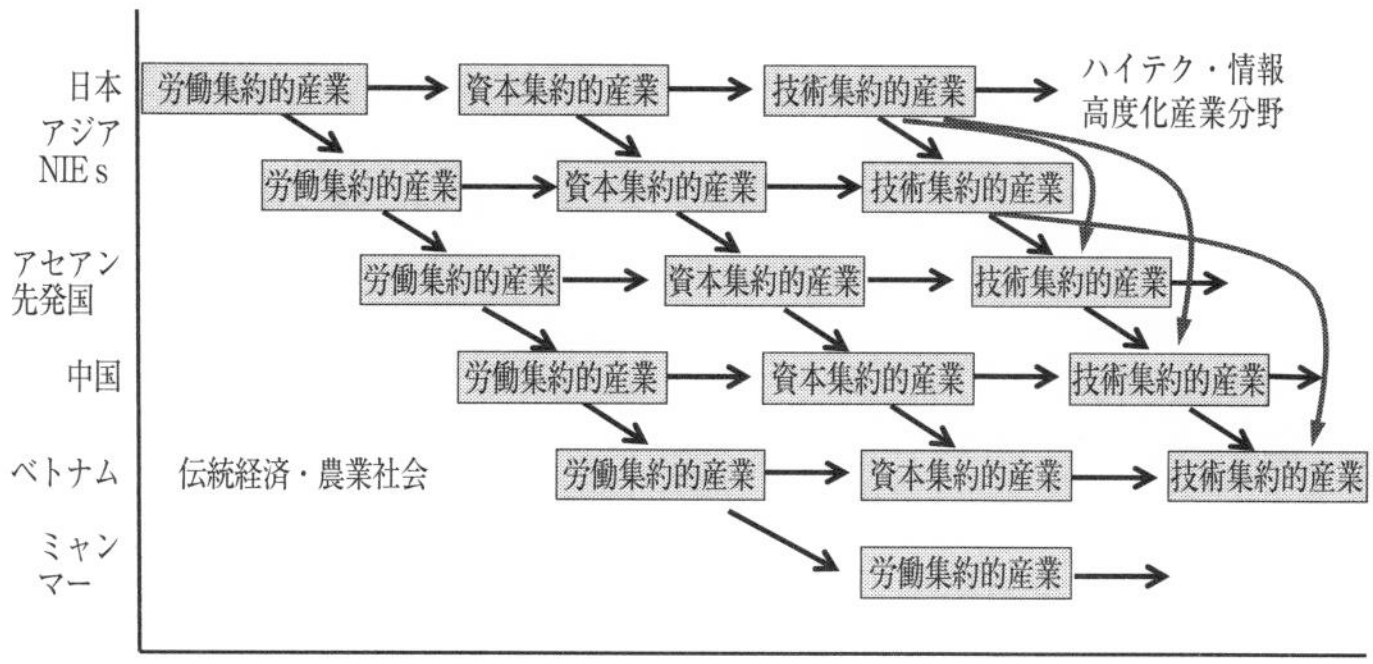

図3－8　情報技術普及時代の雁行形態モデルの多様化

（注）　ハイテク・情報高度化産業＝AI，IoT，Big Data の活用産業。
（出所）　筆者作成。

ネットワークが形成され、先発国とキャッチアップ国とのあいだで、比較優位原理に従い、労働集約的産業・生産工程が労働について比較優位をもつ国に集中し、また資本や技術集約的な産業・生産工程がそれらの生産要素について比較優位をもつ国に集中する。

ただし、今日情報技術がますます速いスピードで発達し、さらに最新情報技術の応用は瞬時に国際的に普及する状況を考慮すると、従来の雁行形態型産業発展の国際展開は、さらに多様化し、必ずしも日本からアジアＮＩＥｓ、そしてアジアＮＩＥｓからアセアン先発国などの順序ではなく、図３－８に示されるように、一部の産業、生産工程は、先発国から二番目のキャッチアップ国だけではなく、複数のキャッチアップ国に同時に移動される可能性がある。

例えば、ＡＩやＩoＴまたはビッグデータを活用する産業分野において、日本企業の多くのプロジェクトは同時に、アジアＮＩＥｓだけではなく中国、ベトナムにアウトソーシングされるとみられる。

実際に、このように雁行形態モデルを多様化させる重要な原因は、規制緩和により各国間の経済制度の差異が徐々に縮小し、外国資本への差別などの規制がなくされたからである。こうした地域内の競争環境の改善は、間違いなく各国の政府間の協力によりもたらされると考えられるので、次に東アジア広域における制度上の地域経済統合の実態をみていこう。

制度上の統合の実態―二カ国間および多国間貿易投資自由化の交渉―

東アジア地域における制度上の地域経済統合は一九九五年に世界貿易機関（World Trade Organization: ＷＴＯ）の設立から動き始まるとみられる。一九八五年のプラザ合意後円高の影響で日本の海外直接投資が活発となり、これを契機に、アジアＮＩＥｓ（韓国、台湾、香港）およびアセアン先発国（タイ、マレーシアなど）は積極的に外資導入政策を実施し、一九九〇年代前半ではさらに中国、ベトナムもこうした潮流に乗り、東アジア地域全体に外国直接投

表3－4　日本，韓国，中国とアセアン諸国の2カ国間 FTA/EPA 締結状況

	日本	韓国	中国	シンガポール	タイ	マレーシア	インドネシア	フィリピン	ベトナム	カンボジア
日本		中断	無し	2002.11	2007.11	2006.7	2008.7	2008.12	2009.1	無し
韓国	中断		2015.12	2006.3	無し	無し	無し	無し	2015.12	無し
中国	無し	2015.12		2009.1	無し	無し	無し	無し	無し	2020.8

（注）　FTA = Free Trade Agreement, EPA = Economic Partnership Agreement. 数字は発効年月。「中断」は交渉が中断されたことを示す。

(資料)　JETRO「日本の FTA 一覧」（www.jetro.go.jp/ext_images/_Reports/01/da83923689ee6a5e/20180033.pdf）を参考，作成。

資のブームが始まった。この事実上の地域経済統合に加え、一九九〇年代後半から制度上の経済統合も、WTOの設立後、双方向的（二カ国間）および多角的（多国間）貿易自由化の交渉の形で開始された。

ⓐ双方向的貿易自由化

東アジア地域内、二カ国間の貿易自由化の動きは、表3－4のように示される。

韓国および中国と比べ、日本はより積極的にアセアンメンバーと二カ国間のFTA／EPAを結ぶ傾向があった。これは、日本企業がアセアンの主要メンバー国に高い関心をもっていたことを反映していた。ここで留意しておくポイントは、これらの二カ国間のFTA／EPAの貿易投資の自由化の度合いがアセアン全体を対象にした多国間の双方向的貿易協定よりも高いことである。

二カ国間のＦＴＡ／ＥＰＡ以外に、日本、韓国および中国は、それぞれアセアングループと双方向的貿易協定（アセアンプラス－ＦＴＡ）を結んでいる。

具体的には、中国とアセアンは、ＡＣＦＴＡを、二〇〇二年からの短期間で交渉を経て署名した。同協定では二〇〇五年から物品貿易協定が発効し、その後物品以外のサービス貿易の自由化も拡大された。また、二〇一六年一月に枠組協定等の高度化協定が発効した。

韓国とアセアンは、ＡＫＦＴＡについて二〇〇四年に専門家会議を開催し、二〇〇五年から交渉が開始、二〇〇六年に物品貿易の自由化に署名した。同協定は二〇〇七年から発効となり、その後もサービス貿易を段階的に自由化するため、二〇一七年まで複数回交渉と署名を行った。

日本とアセアンのＡＪＦＴＡは、二〇〇五年から交渉が開始され、二〇〇七年に交渉妥結を経て、二〇〇八年四月に署名された。同協定は二〇〇八年一二月から順次に発効し、二〇一八年三月から全加盟国で発効された。

ⓑ多角的貿易自由化

東アジア広域において、双方向的貿易自由化と同時に、さまざまな多角的貿易自由化構想

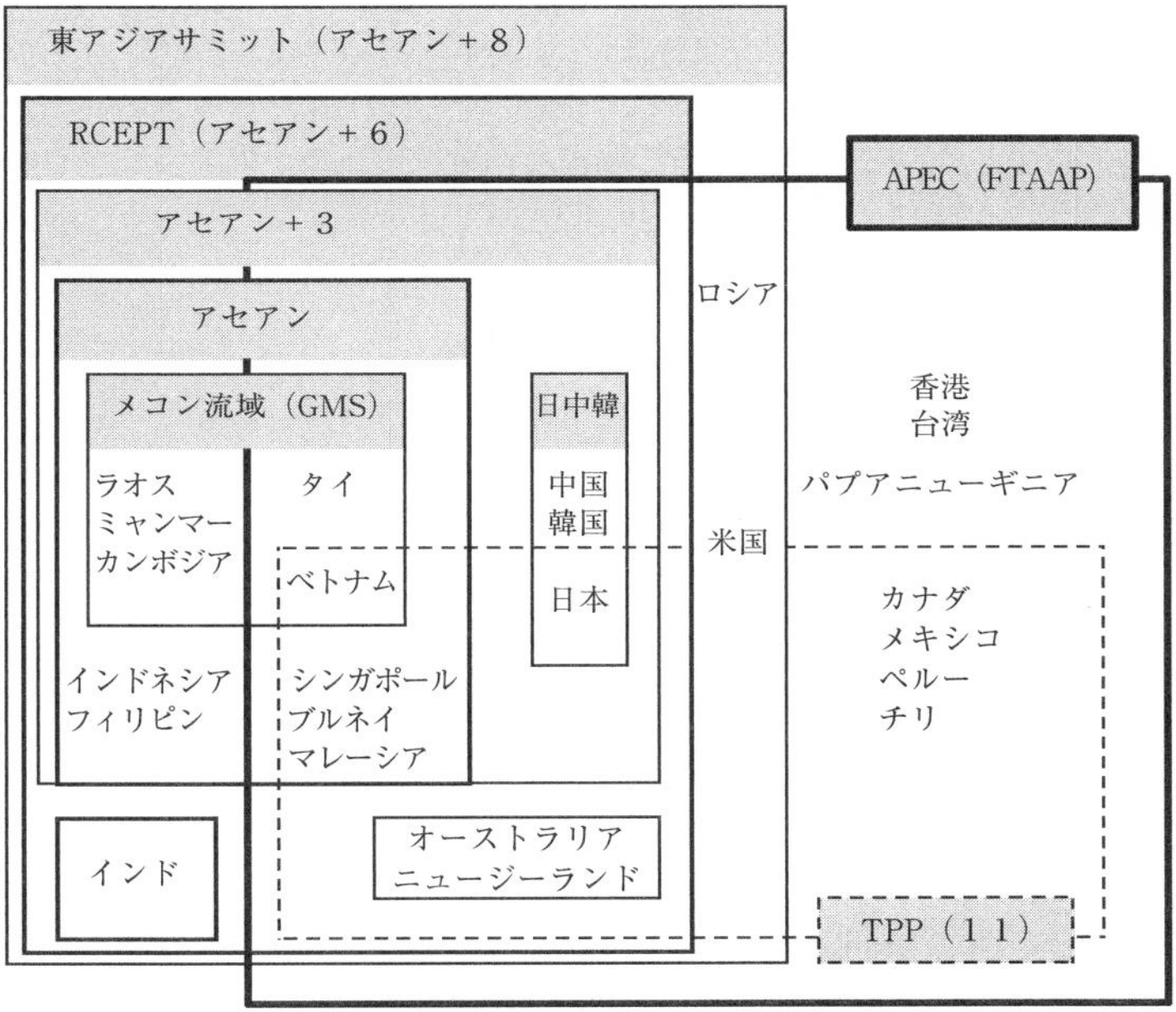

図3－9　東アジア地域におけるFTA/EPAの重層構造

（出所）　筆者作成。

が提起され、地域内のみならず地域外の国々も関わり、極めて複雑な重層的構造となった（図3－9を参照）。

多角的貿易自由化の構想のなかで、アセアングループは他地域と比較すると東南アジアの範囲内で地域経済統合がスムーズに進んでいるとみられる。アセアン諸国のあいだで、AFTA（Asean FTA）は一九九五年に署名され、順次発効し、二〇一八年からAEC（Asean Economic Community）

が形成され、モノとカネの移動だけではなく、人の移動も自由化されるようになった。

多角的貿易自由化構想でもう一つ重要なのは「日中韓」FTAである。この構想に関わる国々は、アジアだけではなく、世界経済にも影響を及ぼすとみられる。しかし残念なことに経済以外の歴史、文化、政治などのさまざまな要因により、同構想は二〇一三年ごろから交渉が開始されたが、なかなか先に進まず、現在アセアン＋3やアセアン＋6、さらにAPEC（FTAAP）などの交渉と合流し、現実は先のみえない状態にある。

アセアン＋6は、本来アセアンが主導して提案したアセアン＋3構想の拡張であり、二〇一三年から交渉が開始され、現在でも毎年交渉会合が開催されているが、東アジア地域内だけではなく、インド、オーストラリア、ニュージーランドも加わり、経済問題に留まらず政治や地域の安全保障などのさまざまな内容をカバーし、複雑な構想となっている。

以上の構想のほかに、東アジア諸国は環太平洋パートナーシップ協定（Trans-Pacific Partnership）にも関わっている。TPPの包括的推進協定が二〇一八年に署名され、日本は二〇一八年七月に締結したが、現在でも新しいルールの構築をめぐり毎年TPP等総合対策本部の会合や委員会会議が開催され、交渉・議論が続いている。(4)

さらに、一九八九年から提起された経済協力の枠組みとしてのAPEC(Asia Pacific Economic

Cooperation：アジア太平洋経済協力）も、新しく提案された貿易投資自由化を推進する構想の内容と多くの部分で重なるため、二〇一六年からTPPとRCEP（アセアン＋6）の双方を包括する広範囲な自由貿易圏として、メガFTAといわれるFTAAP（Free Trade Area of the Asia-Pacific）が提唱された[5]。

現在、これらの貿易自由化構想は、RCEPもTPPもFTAAPも並行して定期的に会合が開催されているが、いずれも最終的な目的に辿り着くまではまだまだ時間がかかりそうである。

3　アジア共同体の構築に向けて

以上、東アジア地域経済統合についての実態と現状をみてきたが、一九九〇年代以降各国の経済は急速に接近し合い、実体経済における相互依存関係がますます高まっている。今からその動きが逆回転することは考えられないであろう。しかし、いかにしてその経済統合プロセス、すなわちアジア共同体の構築を加速させることができるか、決して簡単な問題ではないというのが識者の共通の認識であろう。

現段階では東アジア地域において、事実上の経済統合と制度上の経済統合とのあいだに大きなギャップがある。このギャップには、事実上の経済統合に関わるミクロ的な問題と制度上の経済統合に関わるマクロ的な問題があるとみられる。

ミクロ的な問題は例えば、経済統合による生産ネットワークと投資環境の一極集中型（不均衡的な発展）や、国境を越える企業間の関係の強化、特に外資系企業と現地企業の融合が困難なことなどである。これらのミクロ的な問題を是正できなければ、将来的に事実上の経済統合を妨げる要因となりかねない。

一方、マクロ的な問題は、経済以外の歴史や文化などの社会的または政治的な要因によって制度上の経済統合プロセスがなかなか進展しないことである。そのなかで一番重要なのは、地域経済統合あるいは共同体の構築についての各国間の見解の相違である。

例えば、もともとアセアン＋３（日中韓）の構想は、アセアン側から提唱された。アセアンの考えはシンプルに経済の合理性に基づくものであった。しかし、中国や韓国また日本も自らの国際戦略にこだわり、結果的に日中韓のＦＴＡが先に結ばれ、その後アセアン＋３を実現する選択やアセアン＋３の代わりアセアン＋６が提案されるようになった。

ちなみに、東アジア共同体の構築に関して日本で大きな影響力をもった渡辺利夫（二〇〇五）は、東アジア地域経済の事実上の統合を推進するため、二カ国間、多国間でのＦＴＡ／ＥＰＡを積極的展開すべきだと主張したものの、「東アジアの共同体は、ＦＴＡ／ＥＰＡという機能的制度構築を最終的目標とすべきであって、それを越えてはならない。共同体という共通の家の中に住まう政治的条件をこの地域は決定的に欠いている」と主張していた。

同氏は、その理由として三つことを詳しく述べた。第一は、東アジア地域における各国間の「政治体制や安全保障枠組み、価値観、社会理念の相違に由来する」ものである。第二は、同地域内で日中間の政治関係の緊張が容易に解消できないことである。第三は、中国の地域覇権主義と東アジア共同体に対するマイナスの影響である。

アセアン＋３やアセアン＋６に関連して、日中韓ＦＴＡ構想の役割について、ＮＩＲＡ（二〇一〇）の対談シリーズのなかの第五三回「東アジア地域経済統合に向けて為替協力と域内自由貿易」では、当時アジア開発銀行の総裁であった黒田東彦と当時総合研究開発機構理事長であった伊藤元重も同様の見解を表明していた。両氏は、経済の合理性だけを考えると日中韓のＦＴＡが締結できれば東アジア地域経済統合を一気に加速することができると共感しながら、それができない最大な理由は政治的な問題があるからであると語った。

4 ワンアジアの将来に向けて

EUモデルを目標に、東アジア共同体（ワンアジア）の構築を実現できれば、同地域の経済発展にとっても世界経済の繁栄にとっても大きな意義があるに違いない。しかし上述の数々の難題を解決しない限りは、ワンアジアの夢を叶えることはできない。それら問題を解くには、それぞれの国・地域について現地調査を行い詳細な情報を集めることなどが必要であろう。ここでは具体的な提言ではなく、当該問題に関する解決策を探るため、いくつかの基本的な考え方を説明したい。

第一は、東アジア地域経済統合による効率と衡平のバランスを考慮に入れることである。地域経済統合によって、市場の規模が拡大し、それに従って競争市場の下で比較優位原理が働き、資源配分の効率性は改善され得る。しかし、完全に競争市場の力に委ねれば、効率性の向上による経済的な繁栄は必ずしも地域内すべての人々に衡平に配分されるわけではない。歴史や文化的な要因で経済発展が遅れている国・地域は、経済統合によって消えてしまう可能性が十分に考えられる。弱いものが統合によって飲み込まれる恐れが残れば、統合を妨害する行動が常に発生する。

第二は、国際政治の良好な関係と安全保障の確立である。平和は経済発展のための必要不可欠な条件であろう。政治の不安定や紛争、内乱などが発生すれば、投資や生産また貿易活動が安心して行われるわけがない。

第三は、民族主義を超えて価値観およびイデオロギーの相違の調和、異文化の融合である。伝統文化の独自性を守ることは必要であるが、保守的な民族主義は、価値観やイデオロギーの相違の調和、または異文化の融合プロセスを妨げ、暴力的な衝突の種となる。

第四は、共存共栄のための長期的なＷｉｎ－Ｗｉｎ関係の構築である。経済統合の最終的な目的は、地域内すべての人々の生活を豊かにすることであろう。すなわち、異なる文化を有する人たちが共存共栄できる環境を作り出すことである。そのためには長期的なＷｉｎ－Ｗｉｎ関係の構築が必然的に要求される。

東アジア地域において、Ｗｉｎ－Ｗｉｎ関係を構築するために、次のことが考えられるであろう。

まず、地域外への依存度を低め、「アジアで生産、地域外で消費」のスタンスから地域内の市場を拡大することにより、「アジアで生産、アジアで消費」への転換を実現することである。最近、マレーシア、タイまた中国、ベトナムなどは経済発展に伴い所得の上昇で国内市場が拡大しつつある。ただし、第二節でみたように、対地域内の貿易額は一〇年あるいは二〇年前と比べ大きく増加したものの、対地域外の貿易額の増加よりスピードが遅かった。

次に、各国の発展段階の格差をうまく利用し、地域全体でより効率的な多層的分業ネットワークを構築することである。

なお、地域経済統合の核となるべき日本と中国は、エネルギーや環境対策など共通する課題を解決することにより、両国間の関係を良好にし、リーダーシップを発揮しながら地域経済統合を推進する必要がある。

それから最も重要なのは、貿易、投資、人の移動の自由化を進めるとともに、域内格差の是正、金融、エネルギー・資源、環境などの分野で協力することである。特に、国益が衝突して紛争要因となっている資源分野で、共同開発・共同利用を実現し、こうした機能的協力の拡大を通じて、各国の関係が深まり、信頼関係が醸成されることが必要である。

【注】

（1）中国の台頭とは、過去三〇年以上の改革・開放政策によって、中国経済が大きく発展し、二〇一〇年から世界第二位の経済大国となり、国際舞台で中国の存在感を示すとともに中国脅威論が台頭しつつある現象である。

（2）世界の外国直接投資の受入額の合計は、二〇〇八年と二〇一七年にそれぞれ、二兆四六一九億ドルと一兆六八〇四億ドルで、東アジア広域の合計額は、三二六四億ドルと四五六五億ドルであった（国際貿易投資研究所『世界主要国の直接投資統計集（二〇一八年版）』を参考）。

（3）雁行形態論は、もともと一九三〇年代に一橋大学の赤松要教授が提唱された雁行形態モデルから始まり、一九六〇年代に、同じく一橋大学の大来佐武郎教授や小島清教授などにより、国際版の雁行形態モデルが開発された。詳細については、小島（二〇〇〇）を参考することを勧めたい。

（4）ＴＰＰは、もともとシンガポール、ブルネイ、ニュージーランド、チリの四カ国が二〇〇五年に署名した貿易や投資などに関する極めて高い自由化度の経済連携協定であった。その後、原協定が拡張され、二〇一〇年にベトナム、アメリカ、オーストラリア、ペルーも第一回の会合に加わり、さらにその後日本、マレーシア、カナダ、メキシコも参加したが、二〇一七年にアメリカが離脱宣言をし、現在一一カ国のメンバーで構成される。同協定の内容や交渉などの詳細について、外務省および内閣官房のＴＰＰ専用サイトを参考することを勧めたい。

（5）ＡＰＥＣは、オーストラリアで発足し、当初一二カ国の参加であったが、現在はロシアも含め二一カ国・経済地域が参加している。当初の目的は、アジア・太平洋地域の持続可能な成長と繁栄に向けて、貿易・投資の自由化・円滑化や地域経済統合の推進、経済・技術協力等の活動を実施することであったが、その後さらに地球温暖化対策や環境保護の問題にも言及され、本来の内容よりもだいぶ拡張された。

【参考文献】


馬田啓一（二〇一二）「アジア太平洋のメガFTAの将来—FTAAPへのロードマップ—」国際貿易投資研究所（www.iti.or.jp/kikan100 zoukan/100 umada.pdf）。

大泉啓一郎（二〇一八）「深化するASEAN中国FTA—中国市場はASEANに大きく開放—」日本総研 Research Focus（www.jri.co.jp/MediaLibrary/file/report/researchfocus/pdf/10351.pdf）。

木村福成（二〇〇三）「国際貿易理論の新たな潮流と東アジア」『開発金融研究所報』第一四号、開発金融研究所。

木村福成（二〇〇六）「東アジアにおけるフラグメンテーションのメカニズムとその政策的含意」『東アジアの挑戦—経済統合・構造改革・制度構築—』ジェトロ、アジア経済研究所。

小島清（二〇〇〇）「雁行形態型経済発展・赤松オリジナル」『世界経済評論』三月号。

ジェトロ（二〇一八）「世界と日本のFTA一覧」（www.jetro.go.jp/ext_images/_Reports/01/da83923689 ee6a5e/20180033.pdf）。

中島朋義（二〇〇六）「東アジア共同体の必然性」環日本海経済研究所、ERINA Discussion

Paper No. 0605（www.erina.or.jp/wp-content/uploads/2014/09/0605.pdf）。

NIRA（二〇一〇）「東アジア地域経済統合に向けて為替協力と域内自由貿易（第五三回）」対談シリーズ（www.nira.or.jp/pdf/taidan53.pdf）。

みずほリサーチ（二〇一五）「終盤迎えた東アジアFTA網の構築―残された課題は日中韓間のFTA締結―」（www.mizuho-ri.co.jp/publication/research/pdf/research/r150301 fta.pdf）。

向山英彦（二〇〇七）「アジア経済の新展開と経済統合への課題」、RIM『環太平洋ビジネス情報』二〇〇七年一月号 Vol. 7, No. 24（https://www.jri.co.jp/MediaLibrary/file/report/rim/pdf/2623.pdf）。

渡邊利夫（二〇〇五）「東アジア共同体とはいかなる存在か」RIM『環太平洋ビジネス情報』二〇〇五年一〇月号 Vol. 5, No. 19（www.jri.co.jp/page.jsp?id=4920）。

Balassa, Bela (1961), *The Theory of Economic Integration*, Homewood: Richard D. Irwin.

（ド・マン・ホーン）

第4章 中国旅行業の発展の特徴と日本旅行

1 「改革・開放」と中国旅行業の発展

旅行業の発展には、経済的繁栄と社会的安定が必要不可欠である。一九七八年に「改革・開放」を実施して以来、中国経済は飛躍的な発展を遂げた。それと同時に、旅行業も外国人による中国旅行、中国国内旅行、中国人による海外旅行の三つの側面からめざましい発展を遂げている。中国の旅行業は政府主導型発展戦略のもとで、「改革・開放」の初期段階では、外貨獲得を目的とした外国人による中国旅行を優先的・積極的に推進し、次第に中国国内旅行、海外旅行を発展させてきた。

表4－1は、訪中外国人数の推移を示している。一九九五年～二〇一八年まで訪中外国人

表４−１　年代別の中国への外国人入国人数

（単位：万人）

	1995 年	2000 年	2005 年	2010 年	2015 年	2016 年	2017 年	2018 年
総人数	588.67	1,016.04	2,025.51	2,612.69	2,598.54	2,815.12	2,916.53	3,054.29
アジア	338.26	610.15	1,249.99	1,617.86	1,659.47	1,788.19	1,818.47	1,912.07
アフリカ	4.08	6.56	23.80	46.36	58.02	58.88	62.91	67.41
ヨーロッパ	159.06	248.90	479.14	569.79	491.67	547.15	591.17	604.43
中南米	5.37	8.29	16.05	30.05	34.98	39.04	42.65	45.37
北米	64.36	113.28	198.53	269.49	276.56	299.09	311.90	333.48
太平洋および太平洋諸島	15.85	28.18	57.36	78.93	77.64	82.55	89.22	91.31
その他	1.69	0.68	0.65	0.21	0.21	0.22	0.22	0.22

（出所）　中国国家統計局のデータにより筆者作成。

数は増え続けている。一九九五年の訪中外国人数は延べ五八八・六七万人であったが、二〇一八年にはその五倍以上である延べ三〇五四・二九万人までに増えた。特に、二〇〇五年の訪中外国人数は延べ二〇二五・五一万人で、二〇〇〇年の訪中外国人数の延べ一〇一六・〇四万人と比べるとわずか五年間で延べ一〇〇〇万人以上増えている。この時期は中国がＷＴＯに加盟した時期でもあり、多くの外国企業が中国に進出したのと同時に、中国の経済規模が急激に拡大した時期でもあった。訪中外国人数のうち、アジアからの入国者数が一貫してトップの座を占めている。

一九九五年〜二〇一八年までに、アジアからの入国者数は常に訪中外国人数の半数以上を占めている。これはアジアの一員である中国との地理的関係、経済的依存性が強く影響した結果であると思われる。他方、注目すべ

表 4−2　訪中外国人人数が多い国

（単位：万人）

	1995 年	2000 年	2005 年	2010 年	2015 年	2016 年	2017 年	2018 年
日本	130.52	220.15	339.00	373.12	249.77	258.99	268.30	269.14
韓国	52.95	134.47	354.53	407.64	444.44	477.53	366.38	419.35
ロシア	48.93	108.02	222.39	237.03	158.23	197.66	235.68	241.55
米国	51.49	89.62	155.55	200.96	208.58	224.96	231.29	248.46

（出所）　中国国家統計局のデータにより筆者作成。

き点は、アフリカからの入国者数の急激な増加である。一九九五年のアフリカからの入国者数は延べ四・〇八万人で、訪中外国人数の〇・六九％に過ぎなかったが、二〇一八年にはその一六倍以上である延べ六七・四一万人にまで増加し、訪中外国人数の二・二一％を占めるようになった。その背景には中国の国策ともいえる中国企業によるアフリカへの積極的な進出、アフリカへの多額の経済援助、などによって中国とアフリカとの経済関係が深まり、人的交流も頻繁になっていることが考えられる。

訪中外国人数が最も多い国として、日本、韓国、ロシア、米国が挙げられる。訪中外国人のなかにはビジネスマン・留学生などが含まれているものの、観光客も多く占めているといえる。旅行による人的往来は、文化交流を促進し、相互交流と相互理解を深めることができる。中国、韓国、日本は地理的に近く、文化面でも共通点があり、経済的依存度も極めて高い。また、海外旅行において、近隣国・地域への旅行は重要な地位を占めている。『世界旅行組織二〇一三年報告』でも明らかにされたように、海外旅行の八〇％は近隣国・地域への旅行である。

一九九五年〜二〇〇五年前までに、中国への入国者人数が最も多かったのは日本であった（表4－2を参照）。しかし、二〇〇五年頃からは韓国が日本を抜いてトップの座に躍り出た。日本から中国への入国者数をみると、一九九五年には延べ一三〇・五二万人であったが、二〇一八年にはその約二倍である延べ二六九・一四万人に達している。これに対し、韓国からの入国者数は一九九五年には延べ五二・九五万人で、二〇一八年にはその約八倍に当たる延べ四一九・三五万人にまで急激に増えているのである（表4－2を参照）。二〇〇〇年初期までは、訪中韓国人数は訪中日本人数に及ばなかったが、中国と韓国との政治的関係・経済的関係の深化に伴って、訪中韓国人数は急速に増えたのである。韓国にとって中国は最大貿易相手国であり、韓国からの多くのビジネスマン、留学生、観光客がその増加要因の一因であると考えられる。韓国と日本は訪中外国人の重要な客源国である。他方、政治的関係が訪中日本人数に影響を与えているのも事実である。政治的関係の緊張により二〇一三年から二〇一五年の訪中日本人数は大幅に減少していた。

表4－3　中国国内における旅行状況

	1995年	2000年	2005年	2010年	2012年	2014年	2015年	2016年	2017年	2018年	2019年
国内旅行客人数（100万人）	629	744	1,212	2,103	2,957	3,611	4,000	4,440	5,001	5,539	6,006
消費総額（億人民元）	1,375.7	3,175.5	5,285.9	12,579.8	22,706.2	30,311.9	34,195.1	39,390.0	45,660.8	51,278.3	57,250.9
1人当たり消費額（人民元）	218.7	426.6	436.1	598.2	767.9	839.7	857.0	888.2	913.8	925.8	944.7

（出所）　中国国家統計局のデータにより筆者作成。

2 中国国内における旅行業活性化とインフラ整備

中国経済の持続的発展と国民の可処分所得の増加により、中国の旅行業は著しい発展を遂げている。また、道路・鉄道・航空などの交通面、ホテル・旅館などの宿泊面でのインフラの充実も中国旅行業の発展を大きく促進した。二〇一七年末、中国の高速鉄道は人口一〇〇万人都市の六五％、高速道路は人口二〇万人都市の九七％、をカバーしている。航空便も二〇一七年には一日当たり一万四五八三便に達している。中国において、旅行は単に従来の特別階級と一部の人々が楽しむものではなく、多くの中国人の日常生活の一部分になっているともいえる。一方、旅行業はさまざまな産業と関連し、経済発展の主な牽引力ともなっている。中国は既に世界最大の国内旅行市場となっている。表4－3は、中国国内における旅行状況で、国内旅行客人数、消費総額、国内旅

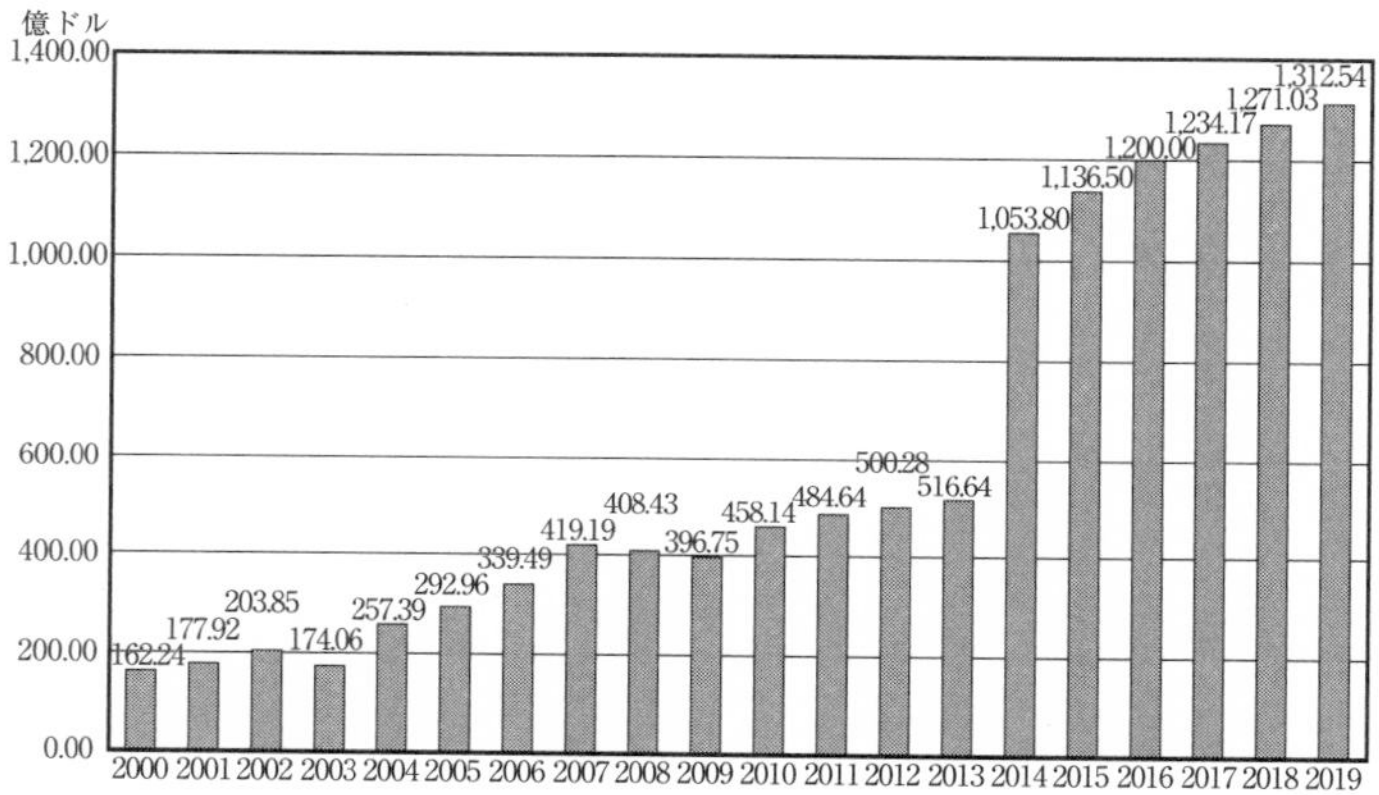

図 4−1　中国における国際旅行外貨収入

（出所）　中国国家統計局のデータにより筆者作成。

表 4−4　中国における旅行収入が GDP に占める割合

（単位：%）

	2014 年	2015 年	2016 年	2017 年	2018 年	2019 年
GDP に占める割合	10.39	10.80	11.01	11.04	11.04	11.05

（出所）　中国国家統計局などのデータにより筆者作成。

行客一人当たり消費額を表したものである。表４−３からも分かるように国内旅行客数、消費総額、国内旅行客一人当たり消費額ともに着実に増加しつつある。二〇一九年における国内旅行客数は一九九五年の約九・五倍の延べ六〇億六〇〇〇万人に、消費総額は一九九五年の約四一・六倍である五万七二五〇・九億人民元に、国内旅行客一人当たり消費額は一九九五年の約四・三倍に当たる九四四・七人民元に、それぞれ拡大している。同時に、中国における国際旅行外貨収入も急激に増加している。二〇〇〇年に中国の国際旅行外貨収入は一六二・二四億ドルであったが、二〇一九年にはその約八・一倍である一三一二・五四億ドルに達している（図４－１を参照）。旅行消費は経済発展の重要な構成部分である。一九九八年の「中央経済工作会議」では、旅行業を国民経済の新たな成長分野として明確に提起した。旅行市場の拡大に伴い旅行業が中国のＧＤＰに占める割合も二〇一四年には一〇・三九％、二〇一五年には一〇・八〇％、二〇一六年には一一・〇一％、二〇一七年と二〇一八年には一一・〇四％、二〇一九年には一一・〇五％と年々増加している（表４－４を参照）。二〇一九年の旅行業への直接就労人員は二八二五万人、旅行業への間接・直接就労人員は七九八七万人で、中国の全就労人員の一〇・三一％にも上っている。中国の経済発展における旅行業の重要性が益々高くなっていることは明らかであり、旅行産業は中国経済の支柱産業ともいえる。

3　中国旅行客の属性と特徴

一九九〇年代から国民所得の増加と旅行業改革の推進によって、中国人による旅行市場は急速に発展した。中国は既に大衆旅行時代を迎えており、旅行者の需要と旅行者の年齢層も多様化している。二〇一七年と二〇一八年の中国における国内旅行者の性別割合をみると、男性の方が女性よりやや高い。他方、海外旅行者の性別割合は女性の方が男性を上回っている（表４－５を参照）。

表 4−5　中国旅行者の性別割合

（単位：%）

	国内旅行者		海外旅行者	
	男性	女性	男性	女性
2017 年	54.1	45.9	47.6	52.4
2018 年	53.1	46.9	45.9	54.1

（注）　データ源は Taking Data 移动数据研究中心。

（出所）　腾讯文旅『2018 年中国旅游行业发展报告』により作成。

表４－６は、二〇一七年と二〇一八年の中国国内旅行者の年齢分布である。国内旅行者で最も多い年齢層は二六歳から三五歳で、二〇一七年は三五・二％、二〇一八年には三五・四％を占めている。二番目に多い年齢層は一九歳から二五歳である。この年齢層の割合をみると二〇一七年は二三・一％、二〇一八年には二三・二％である。つまり、一九歳から三五歳の年齢層は中国における国内旅行者の六割弱を占めている。言い換えれば、八〇後（一九八〇年代に生まれた年齢層）と九〇後（一九九〇年代に生まれた年齢層）は中国における旅行の主力群であるといえる。海外旅行者の年齢分布も国内旅行者の年齢分布と同じ傾向がみられる（表４－７を参照）。海外旅行者の年齢分布においても最も多い年齢層は二六歳から三五歳の年齢層で、一九歳から三五歳の年齢層が全体の六割弱を占めている。興味

表 4－6　中国国内旅行者の年齢分布

（単位：%）

	19 歳未満	19～25 歳	26～35 歳	36～45 歳	46～55 歳	55 歳以上
2017 年	12.4	23.1	35.2	14.1	8.4	6.9
2018 年	12.8	23.2	35.4	13.7	7.9	7.0

（注）　データ源は Taking Data 移动数据研究中心。
（出所）　腾讯文旅『2018 年中国旅游行业发展报告』により作成。

表 4－7　中国旅行者の海外旅行者の年齢分布

（単位：%）

	19 歳未満	19～25 歳	26～35 歳	36～45 歳	46～55 歳	55 歳以上
2017 年	11.3	23.0	35.4	14.2	8.2	7.9
2018 年	11.6	23.4	35.2	13.5	8.3	8.0

（注）　データ源は Taking Data 移动数据研究中心。
（出所）　腾讯文旅『2018 年中国旅游行业发展报告』により作成。

表 4－8　中国の祝日と観光状況

祝日	由来	日付
元旦	元旦	1 月 1 日（3 日間）
春節（しゅんせつ）	旧暦の正月（新暦の 1 月下旬～2 月中旬頃）	旧暦 1 月 1 日（7 日間）
清明節（せいめいせつ）	日本のお盆に当たる	4 月 5 日（前後の 3 日間）
労働節	労働者の団結と親睦のための国際的祝日	5 月 1 日（3 日間）
端午節（たんごせつ）	ちまきを食べる（戦国時代の楚の愛国詩人・屈原を記念することから由来）	旧暦 5 月 5 日（前後の 3 日間）
中秋節（ちゅうしゅうせつ）	月餅をたべてお月見をする（一家団欒で家族の平和や豊かな暮らしを願ってお祝いをする）	旧暦 8 月 15 日（前後の 3 日間）
国慶節	建国記念日（中華人民共和国誕生日）	10 月 1 日（7 日間）

（出所）　各資料により作成。

深いところは、国内・海外旅行者の割合で五五歳以上の割合が最も少なく、一割未満であることである。この年齢層には定年退職者も多く含むなど時間的余裕があるにも関わらず、割合が少ない。その原因として、健康上の問題、旅行への無関心、家庭事情（特に、中国ではお年寄りが孫の面倒をみる傾向が強い）が挙げられる。

一九九三年に、国務院は「国内旅行業の積極的な発展に関する意見」を発表し、国内旅行の発展を促した。一九九五年からの週休二日制の導入、一九九九年の祝日制度の調整による連休の増加は、中国の旅行業の発展に拍車をかけた。中国の国内旅行の状況をみると、日本と同様に連休の祝日に旅行客が集中するのが特徴である。中国の連休の祝日は主に元旦、春節、清明節、労働節、端午節、中秋節、国慶節がある（表4－8を参照）。このような祝日には、有名な観光スポットは旅行客で溢れている。二〇一八年の中秋節期間中、中国の国内旅行客は延べ九七九〇万人で、国内旅行収入は四三五億元に達した。この期間中、北京市を訪れた人数は三九五・四万人で、北京市の景勝地の収入

表 4－9　中国旅行客にとって人気度が高い国トップ 10（2018 年）

順番	国名	順番	国名
1	タイ	6	シンガポール
2	日本	7	韓国
3	ベトナム	8	インドネシア
4	米国	9	ロシア
5	マレーシア	10	フランス

（注）　データ源は Taking Data 移动数据研究中心。
（出所）　腾讯文旅『2018 年中国旅游行业发展报告』により作成。

だけで一・二七億元にも達している（「文化和旅游部数据中心」による）。

他方、一九九七年から中国人による海外旅行も増えるようになった。二〇一二年の中国人による海外旅行消費額は一〇二〇億ドルで、中国は二〇一二年から世界最大の海外旅行消費国となり、二〇一七年の中国国内居住者の海外出国人数は延べ一億四二七三万人に達している。二〇一八年の中国旅行客による海外での消費額は二七七三億ドルである。一九八四年の中国人一人当たり旅行回数は〇・二回に過ぎなかったが、二〇一七年には一人当たり旅行回数が三・七回にまで上っている。一九八八年にはタイが中国人の海外旅行の第一目的地であったものの、二〇一六年の海外旅行目的地は一五〇カ国以上に上っている（夏杰长・徐金海（二〇一八）による）。

表4―10　中国旅行客にとって人気度が高い都市トップ（2018年）

順番	都市名
1	バンコク（タイ）
2	シンガポール（シンガポール）
3	ソウル（韓国）
4	ホーチミン市（ベトナム）
5	東京（日本）
6	マニラ（フィリピン）

（注）　データ源はTaking Data 移动数据研究中心。
（出所）　腾讯文旅『2018年中国旅游行业发展报告』により作成。

二〇一八年に中国の旅行客の人気度が高い国トップ10は、タイ、日本、ベトナム、米国、マレーシア、シンガポール、韓国、インドネシア、ロシア、フランスであった（表4－9を参照）。トップ一〇カ国中、東南アジア国が五カ国、東南アジア国以外のアジア国が二カ国、北米である米国、ヨーロッパのロシア、フランスがランキングされている。人気度が高い都市トップ5をみると、最も人気度が高い都市はバンコク（タイ）で、その次はシンガポール（シンガポール）である。人気度が高い都市トップ5はすべてアジアの都市であり、そのうち三つは東南アジア国の都市である（表4－10を参照）。東南アジア諸国、および日本・韓国は地理的優位性をもっていることが人気度の高い要因とも推測できる。特に、中国の旅行客にとって東南アジア諸国は地理的にも、経済的にも行きやすい地域ともいえる。

4 中国の旅行客と日本旅行

日本政府・各地方自治体による観光に関する積極的な宣伝、日本と中国との地理的優位性、日本の観光環境の質的優位性などにより、日本は一貫して中国旅行客にとって人気度が高い国の一つである。中国旅行客は日本のアニメ、食文化、伝統文化、電気製品などに高い関心を寄せている。また、日本の「おもてなし」のサービス精神は中国旅行客が大変魅力を感じ、心が打たれるものでもある。政策面においても、日中両国は日中観光協力を力強く支持し、推進している。例えば、二〇一六年に日中両国政府は「中華人民共和国国家観光局と日本国

表4－11　都市別による海外旅行人気目的地トップ10（2018年）

	上海	北京	広州	深圳
1	日本	日本	タイ	タイ
2	タイ	タイ	日本	日本
3	米国	米国	米国	米国
4	韓国	韓国	マレーシア	マレーシア
5	オーストラリア	オーストラリア	ベトナム	ロシア
6	シンガポール	ロシア	ロシア	ベトナム
7	マレーシア	マレーシア	オーストラリア	韓国
8	ベトナム	カナダ	インドネシア	インドネシア
9	ロシア	ベトナム	韓国	オーストラリア
10	フランス	インドネシア	カナダ	シンガポール

（注）　データ源はTaking Data 移动数据研究中心。
（出所）　腾讯文旅『2018年中国旅游行业发展报告』により作成。

国土交通省による更なる観光交流と協力の強化に関する了解覚書」に調印した。このようなさまざまな背景により、訪日中国旅行客は増えつつあり、二〇一七年の訪日中国旅行客は延べ七三五・五八万人に達し、前年に比べ一五・四％増加した。そのうち、観光客は概ね六四四万人に達している。さらに、二〇一八年の訪日中国旅行客は延べ九〇六万人で、日本は二〇一八年の海外旅行人気度のランキングでは第二位を占めており、都市別の人気度でも東京はトップ5内に入っている（表4－9、表4－10を参照）。

表4－11は、中国の代表的な都市別による海外旅行人気目的地トップ10である。上海、北京、広州、深圳は中国で収入が最も高く、最も大きな都市で、「一線都市」と呼ばれている。「一線都市」の居住民の海外人気目的地トップ10の国々は表4－11で示したように基本

的には変わりがない。ただし、その順番は多少異なっている。上海と北京の海外旅行人気目的地トップはともに日本である。広州と深圳においても、日本は二番目に人気度が高い。つまり、中国の「一線都市」の居住民にとって、日本は旅行先としてかなり注目を集めていることが分かる。

表 4−12　日本・韓国における中国観光客の滞在日数（個人旅行）

日本		韓国	
滞在日数	占める割合（%）	滞在日数	占める割合（%）
4 日以下	12	4 日以下	41
5〜6 日	35	5〜6 日	36
7〜8 日	31	7〜8 日	16
9 日以上	23	9 日以上	6

（注）　データ源は中国旅游研究院马蜂窝旅游网自由行大数据联合实验室。

（出所）『中日韩旅游大数据报告 2018』（马仪亮）中国旅游研究院（文化与旅游部数据中心）。

中国は、日本と韓国にとって重要な客源国である。二〇一八年の中国の海外旅行客のうち、訪日旅行客が最も多く海外旅行客の二〇％を占めている。その次に多い国は韓国で、海外旅行客の一四％を占めている。表４‐12は、中国旅行客（個人旅行）の日本・韓国での滞在日数である。日本において、滞在日数が最も多い割合は五〜六日で、三五％を占めている。韓国においては四日以下の滞在日数の割合が最も多く四一％である。その次に多い割合をみると、日本は七〜八日の滞在日数の割合で三一％、韓国は五〜六日の滞在日数の割合で三六％である。七日以上の滞在日数の割合では、日本と韓国で顕著な違いがみられる。日本にお

表4−13　日本・韓国における中国旅行客の1人当たり消費額（個人旅行・2017年）

	日本	韓国
1人当たり消費額（人民元）	占める割合	
5,000元未満	7%	27%
5,000〜8,000元未満	18%	46%
8,000〜10,000元未満	15%	10%
10,000〜20,000元未満	49%	17%
20,000元以上	11%	—

（注）　データ源は中国旅游研究院马蜂窝旅游网自由行大数据联合实验室。
（出所）『中日韩旅游大数据报告2018』（马仪亮）中国旅游研究院（文化与旅游部数据中心）。

いては、七日以上の滞在日数の割合が五四％に対して、韓国では二二％しか占めていない。つまり、日本を訪れる中国旅行客（個人旅行）の半数以上は、その滞在日数が七日以上である。中国旅行客の日本への旅行は韓国への旅行より滞在時間が長いことが示されている。

中国旅行客（個人旅行）の日本と韓国での一人当たり消費額を表したものが表4−13である。日本における中国旅行客の半数弱の一人当たり消費額は一万〜二万人民元未満である。また、一人当たり消費額が二万人民元以上の割合も一一％を占めている。総じて、六割の中国旅行客の日本での一人当たり消費額は一万人民元以上である。他方、同じ隣国である韓国での一人当たり消費額で最も多いのは五〇〇〇〜八〇〇〇人民元未満で、その割合は四六％である。二番目に多いのは五〇〇〇人民元未満で、二七％を占めている。中国旅行客の日本での消費額は韓国に比べて、遥かに高いことが分かる。表４－12で示したように、日本での滞在日数が韓国より長いことも消費額の増加を招く一つの要因として考えられる。

表４－14は、中国旅行客による日本の人気観光スポットランキングである。第一、第二は、京都にある清水寺と伏見稲荷大社である。第三は東京にある浅草寺で、第四と第五は、大阪にある梅田スカイビルと大阪城公園である。人気観光スポットは京都、大阪、東京の地域に集中している。人気観光スポットをみると、日本の伝統文化と現代的雰囲気を味わえる都市が人気を集めていることが分かる。

図４－14　中国旅行客における日本の人気観光スポットランキング（個人旅行）

順番	観光スポット
1	清水寺（京都）
2	伏見稲荷大社（京都）
3	浅草寺（東京）
4	梅田スカイビル（大阪）
5	大阪城公園（大阪）
6	ディズニーランド（東京）
7	嵐山（京都）
8	東京タワー（東京）
9	銀座（東京）
10	上野公園（東京）

（注）　データ源は中国旅游研究院马蜂窝旅游网自由行大数据联合实验室。

（出所）『中日韩旅游大数据报告2018』（马仪亮）中国旅游研究院（文化与旅游部数据中心）。

中国は日本旅行業の最大の客源国である。二〇一七年の訪日中国旅行客数は二〇〇〇年に比べて、二〇倍近く増えている。二〇一八年の春節だけでも前年同期に比べて四〇・七%増加した。二〇一九年上半期において、訪日中国旅行客は延べ四五三・二五万人に達し、日本での消費額は八九五〇億円で、一人当たり消費額は一万二四八八人民元に上っている。訪日中国旅行客の増加に伴って、旅行業における日中協力関係も深まっている。日本のソフトバンクグループは中国のアリババグループ傘下にある「阿里旅行」と協力して、日中旅行客に旅行サービスを提供している。また、日本のぐるなびと中国の大众点评は提携して、二〇一七年から中国などの旅行客にレストランサービスを提供している。一部のレストランではWeChatで支払うことも可能である。

他方、訪日中国人旅行客と訪中日本人旅行客のアンバランスが目立っている。訪日中国人旅行客は訪中日本人旅行客を大きく上回っている。二〇一五年の訪日中国旅行客は延べ約五〇〇万人であるのに対し、訪中日本旅行客はおよそその半分である延べ二五〇万人である。二〇一六年はさらにその差が広がり、訪日中国人旅行客は延べ六三七万人であるものの、訪中日本人旅行客は延べ二五九万人に過ぎない。二〇一七年に、中国旅行客による日本での消費額は一五五・五八億ドルで、二〇一三年と比べ五・三七倍に増加した。これに対して、日本人旅行客による中国での消費額は三七・二五億ドルで、二〇一三年に比べ二三・〇二％減少している。人民網の報道は、七〇％の日本人は中国に行ったことがなく、そのうち五〇％以上の日本人は将来も中国に旅行したくないという調査結果を明らかにした。このような調査からも日本人の中国への旅行意欲が極めて低いことが分かる。日本人の中国への旅行意欲の低さにはさまざまな要因があると考えられる。その代表的な要因として空気汚染、食品安全、治安への不安、などが挙げられるだろう。孙雄燕（二〇一七）の日本人大学生を対象とした調査においても、日本人大学生の中国旅行への最大の障害要因として衛生問題、対日感情、治安であることが明らかになった。一方、日本のアニメに対する強い関心と興味が中国人大学生の日本旅行の大きなきっかけであることも分かった。

旅行業は一国の経済発展と世界経済発展に大きな役割を果たしている。ただし、経済的要因、政治的要因、自然災害などの影響を受けやすいのも旅行業である。特に、自然災害、政治的要因、疫病が旅行業に与える影響は無視できない。例えば、二〇一一年に日本で発生した「東日本大震災」後、訪日中国人旅行客と訪日韓国人旅行客はそれぞれ二六％と三二％減少した。また、日中の政治的緊張により二〇一三年の訪日中国人旅行客は三一％、訪中日本人旅行客は一八％、それぞれ減少した（张琦・陈红娜（二〇一五）による）。特に、二〇一九年一二月から発生した新型コロナウイルスは旅行業に大打撃を与えている。中国旅行研究院の試算によれば、二〇二〇年第一四半期の中国国内旅行客人数と国内旅行収入は、それぞれマイナス五六％とマイナス六九％の成長である。また、二〇二〇年第一四半期の訪中外国人旅行客数はマイナス五一・七％成長、国際旅行収入はマイナス五九・八％成長で、中国人の海外旅行客もマイナス四二・六％成長である。このようなデータからも自然災害、政治的緊張、疫病などの要素が旅行業に与える影響は極めて大きいことが分かる。

（董　光哲）

【主要参考文献】

（中国語）


孙雄燕（二〇一七）「中日大学生旅游意识调查与分析」『曲靖师范学院学报』第三六卷第二期二〇一七年三月。

腾讯文旅『二〇一八年中国旅游行业发展报告』。

夏杰长・徐金海（二〇一八）「中国旅游业改革开放四〇年：回顾与展望」『经济与管理研究』第三九卷第六期二〇一八年六月。

中国旅游研究院『中日韩旅游大数据报告二〇一八』（汇报人：马仪亮）（文化与旅游部数据中心）。

张宏博（二〇一八）「中国与日本旅游合作面临的问题与完善途径」『对外经贸实务』二〇一八年第七期二〇一八年七月。

张琦・陈红娜（二〇一五）「旅游合作已成为推进中日韩合作的新亮点」『学习与探索』二〇一五年第八期总第二四一期。

第5章 日本のコンテンツ産業と中国のアニメ配信ビジネス

1 二〇一〇年当時の日本のコンテンツ産業が抱えていた課題

日本のコンテンツ産業の二〇一〇年当時における現状と課題について、経済産業省商務情報政策局メディア・コンテンツ課（二〇一〇）は言及している。それによると、「コンテンツ産業」とは、映像（映画、アニメ）、音楽、ゲーム、書籍等の制作・流通を担う産業の総称であると定義し、わが国のコンテンツは「クールジャパン」と称し海外から高く評価されており、海外展開を通じた成長を見込める有望な産業であるとしている。また、わが国コンテンツ産業の市場規模は約一三兆円で米国に次いで世界第二位、コンテンツの制作に携わる雇用者数は約三一万人であり、鉄鋼業の雇用者数（約二四万人）を上回る規模である。

しかし他方で、わが国のコンテンツ産業の海外輸出比率は五％に留まり、米国のコンテンツ産業の海外輸出比率（一七・八％）の約三割にすぎず、海外からの高い評価を経済的利益に転化できていない。そして輸出の内訳をみると、家庭用ゲームソフトの売上が九七％以上であり、ゲーム産業以外の分野において、海外展開がほとんど進んでいない状況に甘んじている。さらに、日本アニメの中国における海賊版被害額（二〇一〇年）は二四〇〇億円という試算を紹介し、わが国コンテンツの海賊版等による逸失利益が多額に及んでいると問題視している。

また課題の指摘は国内需要にも及んでいる。わが国の人口は二〇〇六年をピークに減少局面に入っており、二〇三五年には一億一〇六八万人になるとの推計がある。アニメ等の主要な視聴者である一四歳以下の人口は一九八〇年から二〇〇五年のあいだに約一〇〇〇万人減少した。今後の少子化、人口減少は、コンテンツ産業の国内需要の減少に大きく影響するものと思われる。それに加えて、従来、コンテンツの制作費を支えていたマス四媒体（テレビ、ラジオ、雑誌、新聞）の広告費が、近年大幅に減少している事実を紹介し、それに伴う既存マスメディアの下で制作を行ってきたわが国のクリエーターの制作機会の減少についても警鐘を鳴らしている。

2 アジア・中国市場における日本アニメの需要拡大

日本のコンテンツ産業を代表するアニメ産業をみてみたい。一般社団法人日本動画協会（二〇一九）は、日本のアニメ産業の動向について報告している。それによると、アニメ業界市場は、狭義のアニメ市場（製作・制作会社売上）と広義のアニメ市場（エンドユーザー市場）の二つの視点がある。ここでは、マクロ視点で市場動向を理解するために広義のアニメ市場に注目する。広義のアニメ市場は、①TV：テレビ局のアニメ関連売上（番組制作費、媒体料、販売費）の合算、②映画：劇場アニメの興行収入の合算、③ビデオ：アニメビデオグラムのエンドユーザー売上の合算、④配信：映像配信サイトのアニメ配信売上の合算、⑤商品化：アニメ関連商品（デジタルを除く）のエンドユーザー売上の合算、⑥音楽：アニメ関連音楽CD・音楽配信のエンドユーザー売上の合算、⑦海外：海外におけるアニメ関連消費（放送・上映・ビデオ・配信・商品など）の合算、⑧遊興：アニメ作品を使用したパチンコ・パチスロ台の出荷高の推計値合算、⑨ライブ：アニメ関連のライブ、イベント、二・五次元ミュージカル、ライブビューイング、ミュージアム・展示会、カフェなどの売上合算、の九項目で構成されている。二〇〇二年時点で一兆九六八億円であった広義のアニメ産業市場は、二〇〇五年には一兆三〇四二億円に達し、二〇一二年の一兆三三八六億円までのあいだ、多少の増減はあったものの約一兆三〇〇〇億円規模を維持し横這いで推移した。前述したとおり、少子化・人口減少、マス四媒体の広告費が大幅に減少した環境下にもかかわらず、二〇一三年以降、アニメ産業市場は拡大を続け、二〇一三年（一兆四七六二億円）、二〇一四年（一兆六三六一億円）、二〇一五年（一兆八二九一億円）、二〇一六年（二兆一〇億円）、二〇一七年（二兆一六二四億円）、二〇一八年（二兆一八一四億円）まで成長を遂げている。

このアニメ市場を国内需要と海外需要に分けてみると、国内需要は二〇〇三年の六九七〇億円から右肩上がりで拡大を続け、二〇一四年の一兆三〇九六億円をピークに以後は減少横這い傾向にある。その一方で、海外需要は二〇〇九年の二五四四億円から二〇一三年の二八二三億円までほぼ横這いを続けていたが、二〇一四年（三二六五億円）、二〇一五年（五八三三億円）、二〇一六年（七六七六億円）、二〇一七年（九九四八億円）、二〇一八年（一兆九二億円）まで急拡大した。すなわち、近年の日本アニメの市場拡大は、国内需要の低迷を補うかたちで、急拡大する海外需要が下支えしていることが読み取れる。

また、この海外需要の顕著な拡大については、「海外市場成長の要因としては『中国市場の継続的な成長』」（一般社団法人日本動画協会、二〇一八、資料③）、「近年の海外市場の急速な拡大の背景には、中国での日本アニメの『爆買い』があった」（一般社団法人日本動画協会、二〇一九、資料③）という指摘がある。

3 中国におけるアニメ配信ビジネスの業界構造の変化

既述のように、近年の中国市場は、日本のアニメ産業に多大な影響を及ぼしてきた。そこで本章では、日本アニメの需要拡大の背景となった中国アニメ市場の変化について明らかにしたい。中国におけるアニメ・コンテンツのサプライチェーンの概要を示し、ファイブ・フォース分析を用いて業界構造を考察することで、中国における日本アニメの利益ポテンシャルの変化の様相について明らかにしたい。なお本章の分析は、既存の文献調査に加え、中国現地事情に精通している日本貿易振興機構へのヒアリング（半構造化インタビュー）調査をもとに行ったものである。

まず、中国におけるアニメ・コンテンツのサプライチェーンについて、二〇一〇年・二〇一五年・二〇二〇年の各時点での概要を示し、サプライチェーンの差異・変化を明らかに

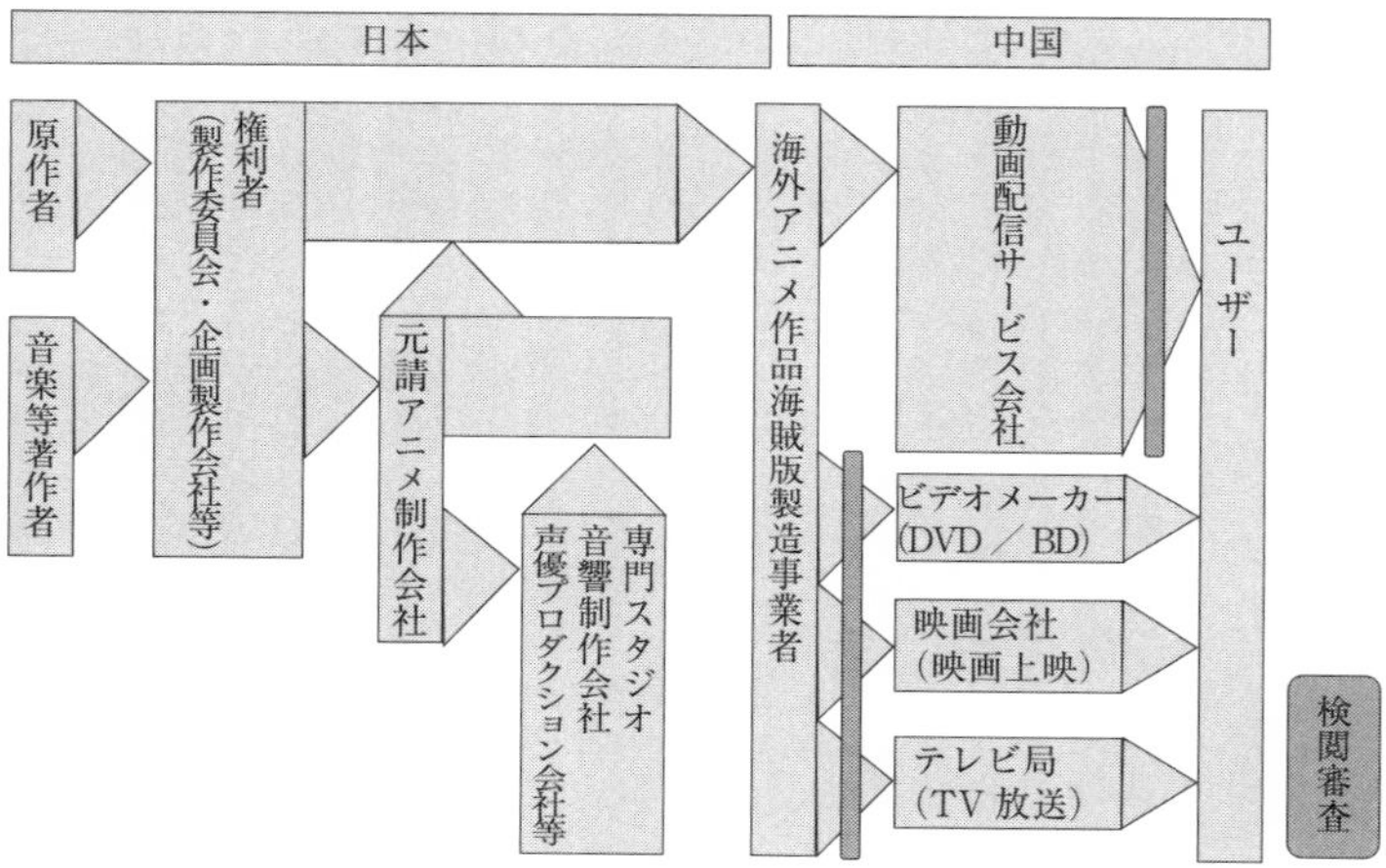

図5−1　中国におけるアニメ・コンテンツのサプライチェーン概要（2010年）

（出所）　ヒアリング他により筆者作成。

する。

図5－1は、二〇一〇年の中国におけるアニメ・コンテンツのサプライチェーンの概要をあらわしたものである。中国においてアニメ・コンテンツは、海賊版の違法動画をインターネット等により視聴するのが二〇一〇年以前の主流であった。しかしながら、図5－2の二〇一五年の中国におけるアニメ・コンテンツのサプライチェーンの概要をみるとわかるように、二〇一五年頃から中国政府主導により、海賊版の違法動画の取まり締りが強化されるようになり、アニメ・コンテンツを購入し、

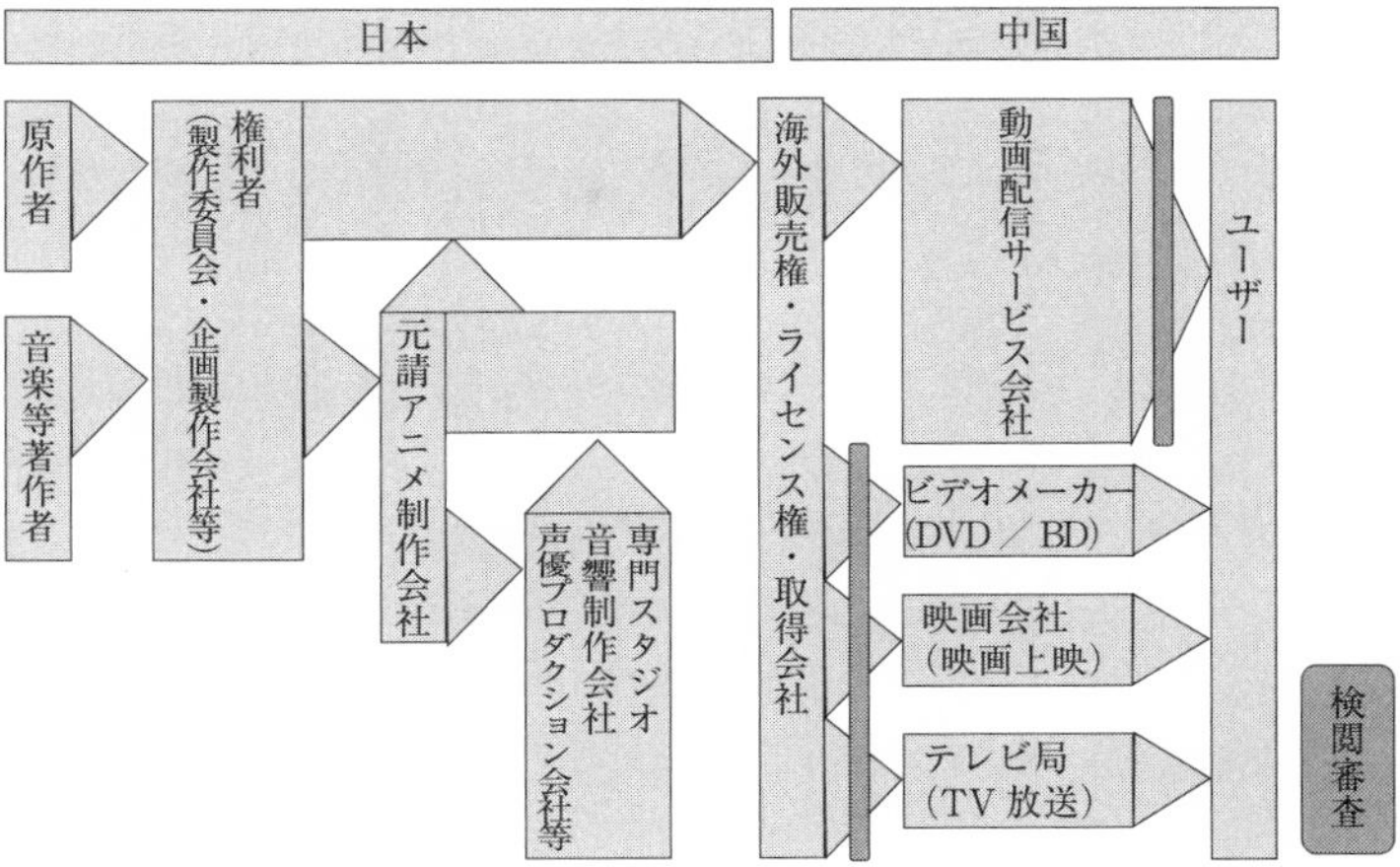

図 5―2　中国におけるアニメ・コンテンツのサプライチェーン概要（2015 年）

（出所）　ヒアリング他により筆者作成。

配信するようになり、サプライチェーンが大きく変化したことがわかる。これは知的財産権保護に関する諸外国からの要請への対応とともに、中国国内におけるアニメ・ビジネス育成の観点から、アニメ・コンテンツの知的財産権保護および商業的価値の重要性を認識した対応であるといわれている。さらに日本のアニメ・コンテンツがほぼ独占的に普及・浸透していた当時の状況は、文化的な側面から捉えると、日本をはじめとする諸外国の文化に侵略されているという見方が成り立ち、その点から、自国のアニメ文化、アニ

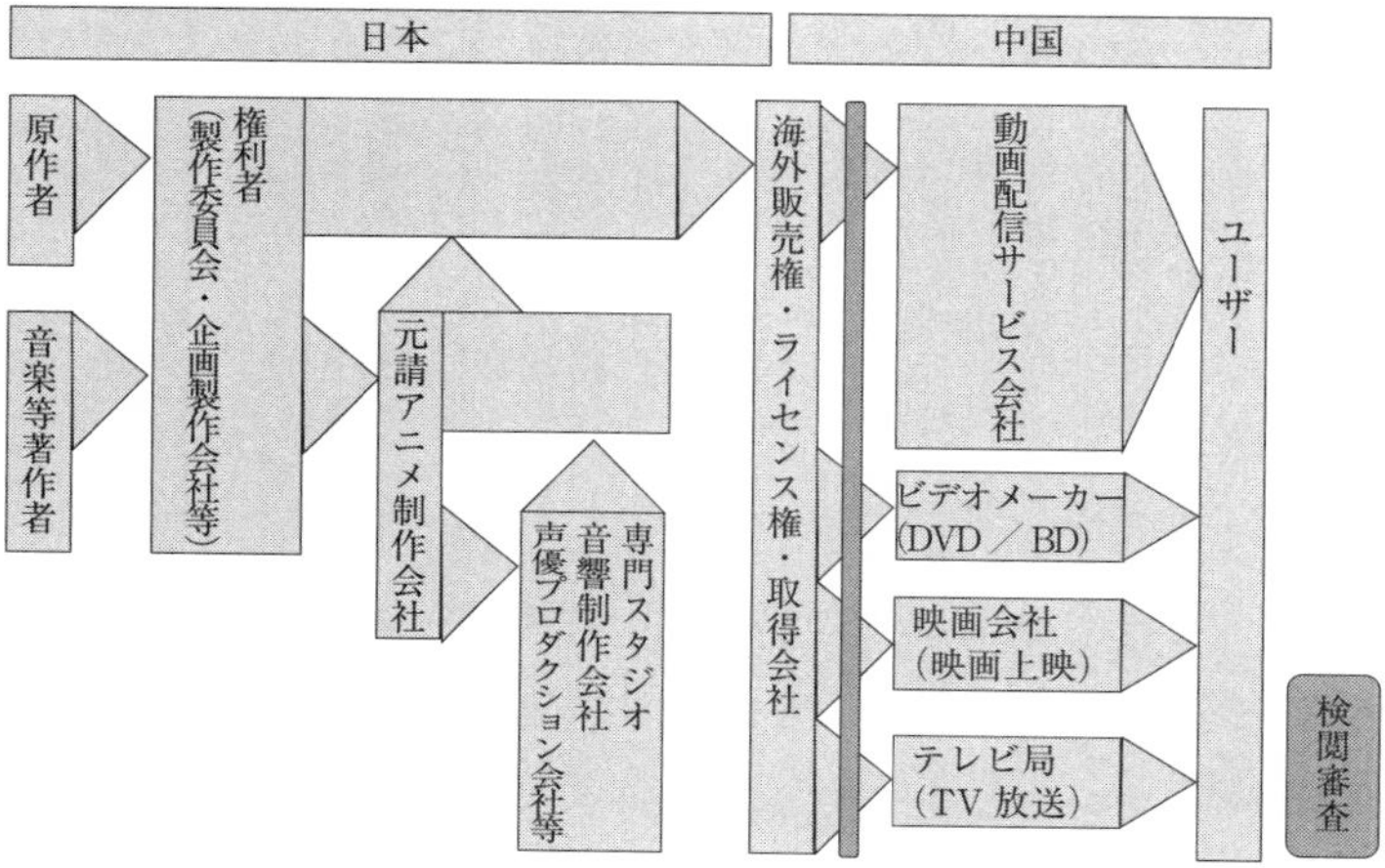

図5−3　中国におけるアニメ・コンテンツのサプライチェーン概要①（2020年）

（出所）　ヒアリング他により筆者作成。

メ・ビジネスを育成する必要性を認識した対応であるともいわれている。
図5−3・図5−4・図5−5は、二〇二〇年の中国におけるアニメ・コンテンツのサプライチェーンの概要をあらわしたものである。二〇一五年の時点では、日本のアニメ・コンテンツがほぼ独占的な地位にあったが、それに加えて二〇二〇年時点では、中国の事業者との共同製作（日本のアニメ・コンテンツの製作委員会に中国の事業者が構成メンバーとして参画している作品を含む）による日本のアニメ・コンテンツという新たなサプライチェーンが登場し、

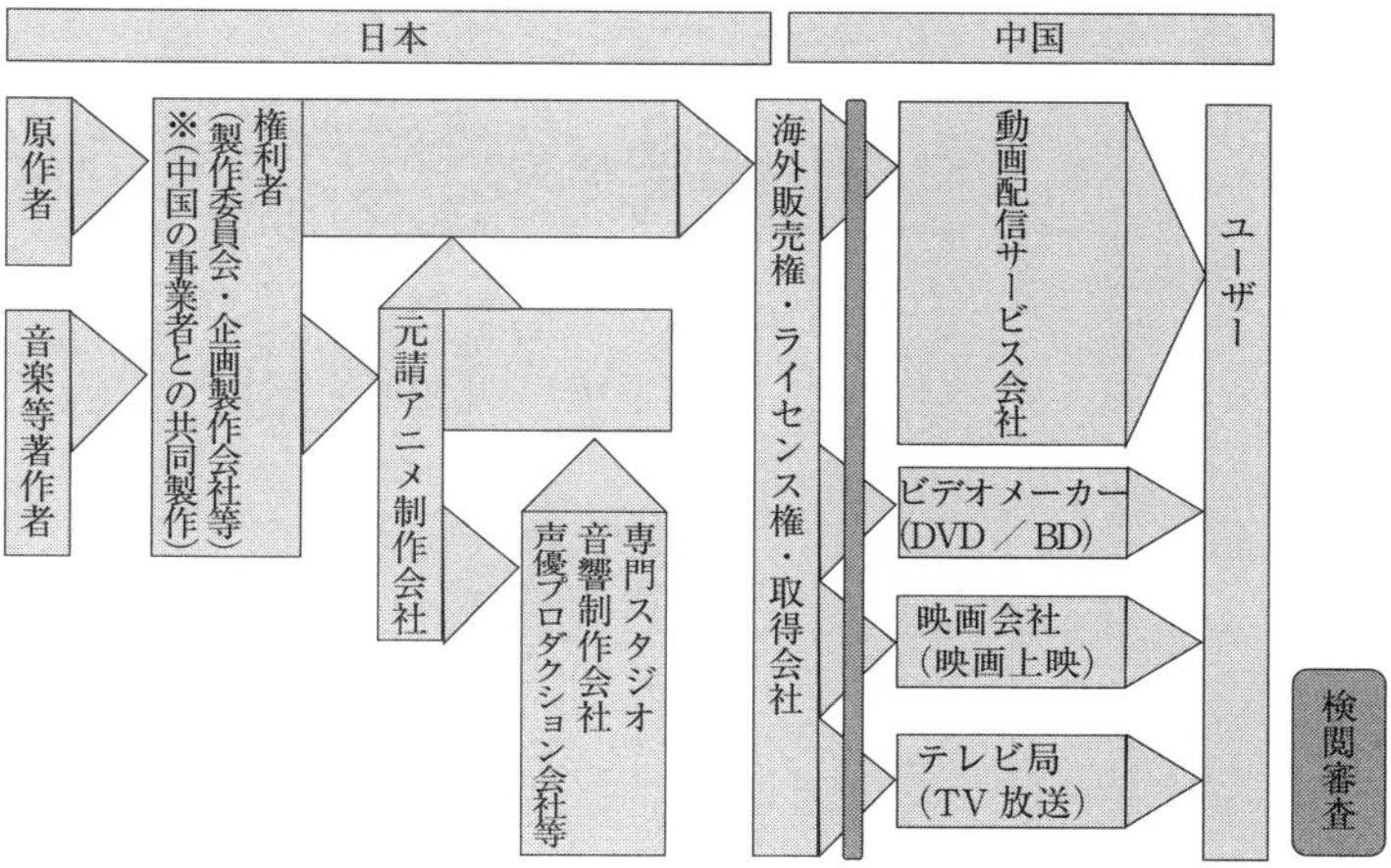

図 5−4　中国におけるアニメ・コンテンツのサプライチェーン概要 ②（2020 年）

（出所）ヒアリング他により筆者作成。

さらに、中国のアニメ制作会社による作品という新たなサプライチェーンも登場するなど、中国のアニメ市場におけるサプライチェーンの変化が確認できる。

以上のようなサプライチェーンの変化は、業界構造の変化につながり、利益配分に関する交渉力を変化させるはずである。そのような変化を、ポーター（Michael E. Porter）のファイブ・フォース・モデルのフレームワークを用いて分析する。

ファイブ・フォースとは、以下の五つである。①既存企業間の対抗度、②新規参入の脅威、③買い手の交渉

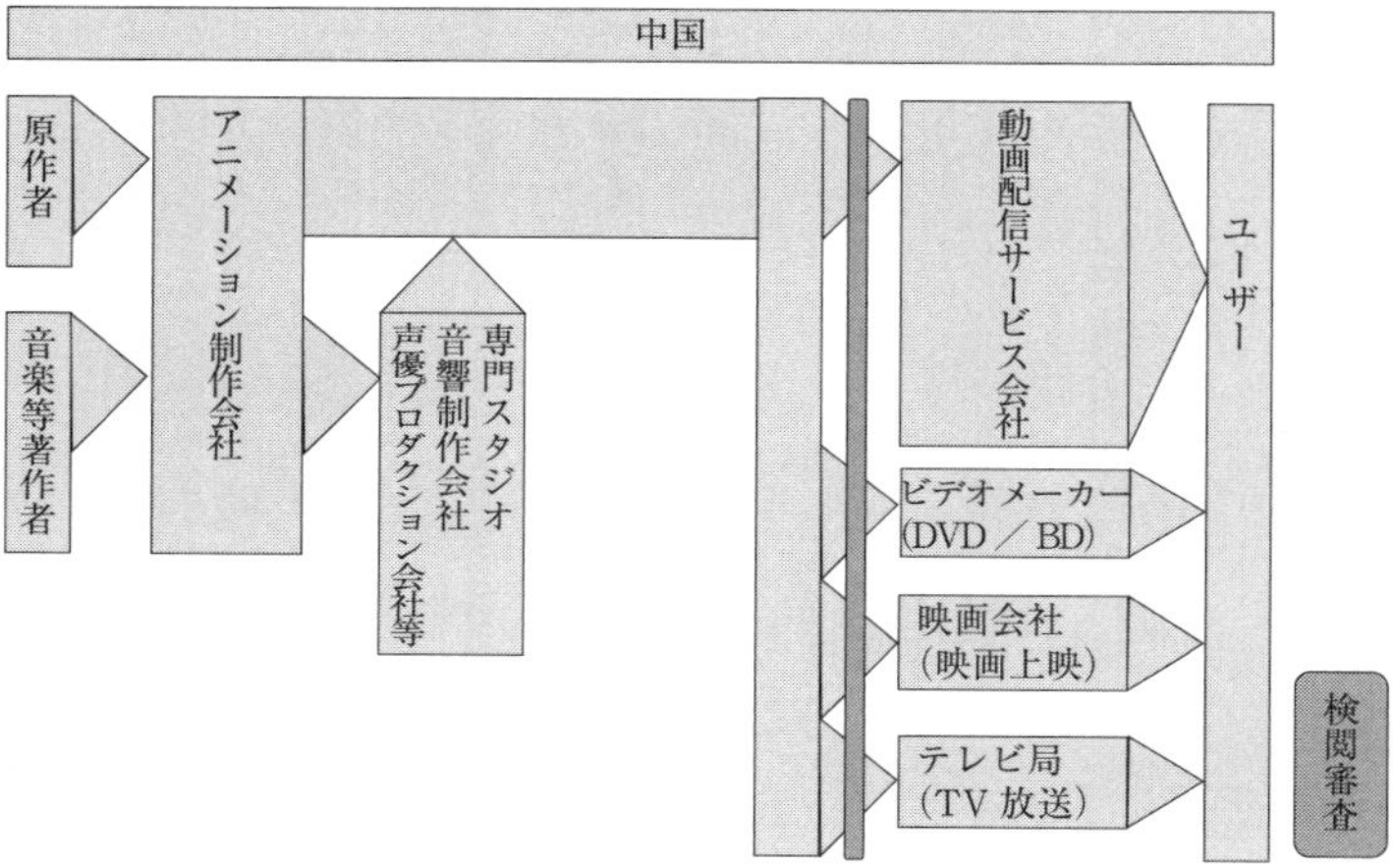

図5−5　中国におけるアニメ・コンテンツのサプライチェーン概要③(2020年)

(出所)　ヒアリング他により筆者作成。

力、④売り手の交渉力、⑤代替品の脅威（⑥補完財の支援と脅威）、これらの力の程度が低いほど利益ポテンシャルが高く、高いほど利益ポテンシャルが低い業界だと判断される。

図５－６は、二〇一五年時点の中国におけるアニメ配信ビジネスの五つの競争要因についてあらわしたものである。最上部にある「新規参入」という欄には、その下の分野に新規に参入しそうな企業や、既に参入しているが、従来の既存企業ではなかった企業を記載することになるが、該当するものが存在しない。また、最下部の「代替品」や「補完財」の

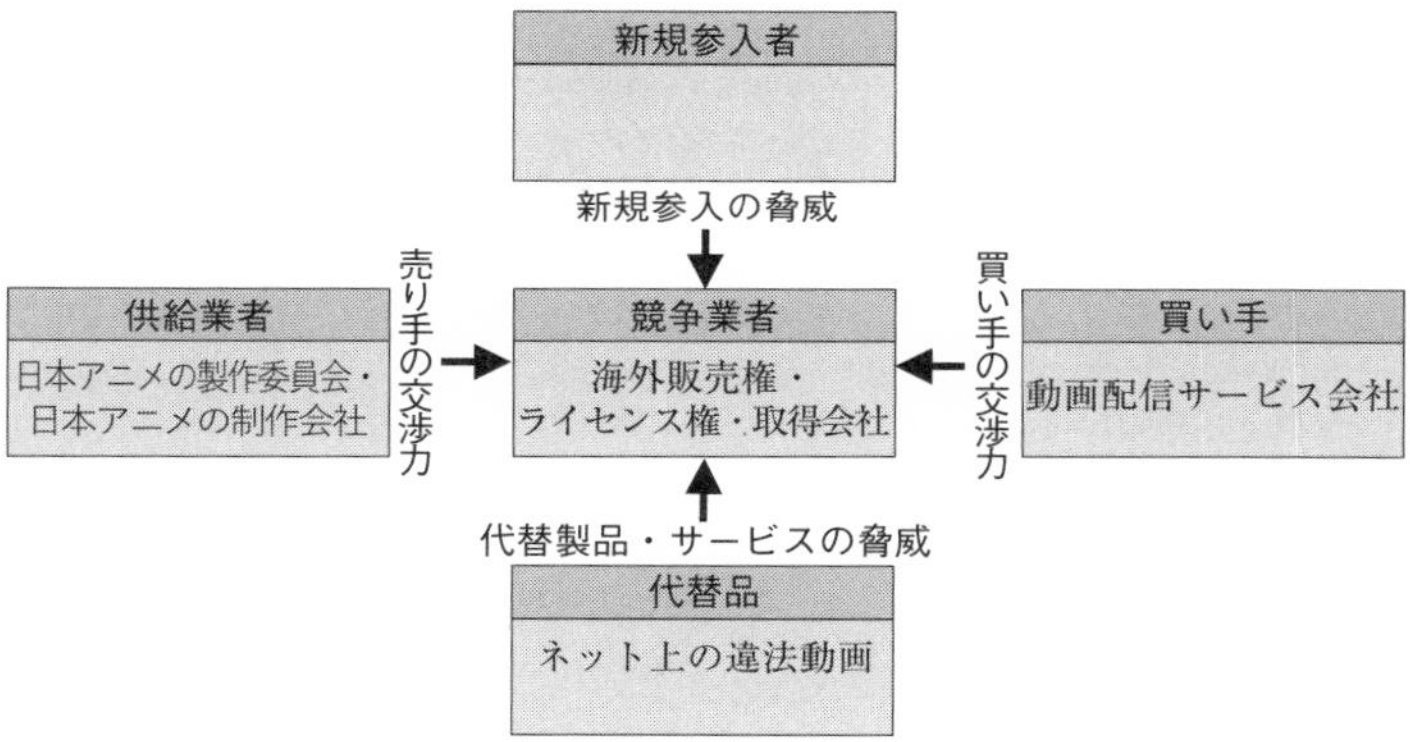

図 5−6　中国におけるアニメ配信ビジネスにおける 5 つの競争要因（2015 年）

（出所）　ヒアリング他により筆者作成。

欄には、その上の分野における代替品や補完財を記載している。

まず代替製品・サービスの脅威についてみると、二〇一五年時点では、海賊版の違法無料動画の存在が指摘できる。しかしながら中国政府による取り締りが強化され減少していくことになる。

次に競争業者（既存企業間の対抗度）についてみると、中国市場におけるアニメ・コンテンツは、米国をはじめとした諸外国のコンテンツも僅かにあるが、ほぼ日本のアニメ・コンテンツが知名度・人気とも独占的な状況にあり、そうした需要の高い日本アニメ・コンテンツの海外販売権・ライセンス権を取得している日中のエージェント

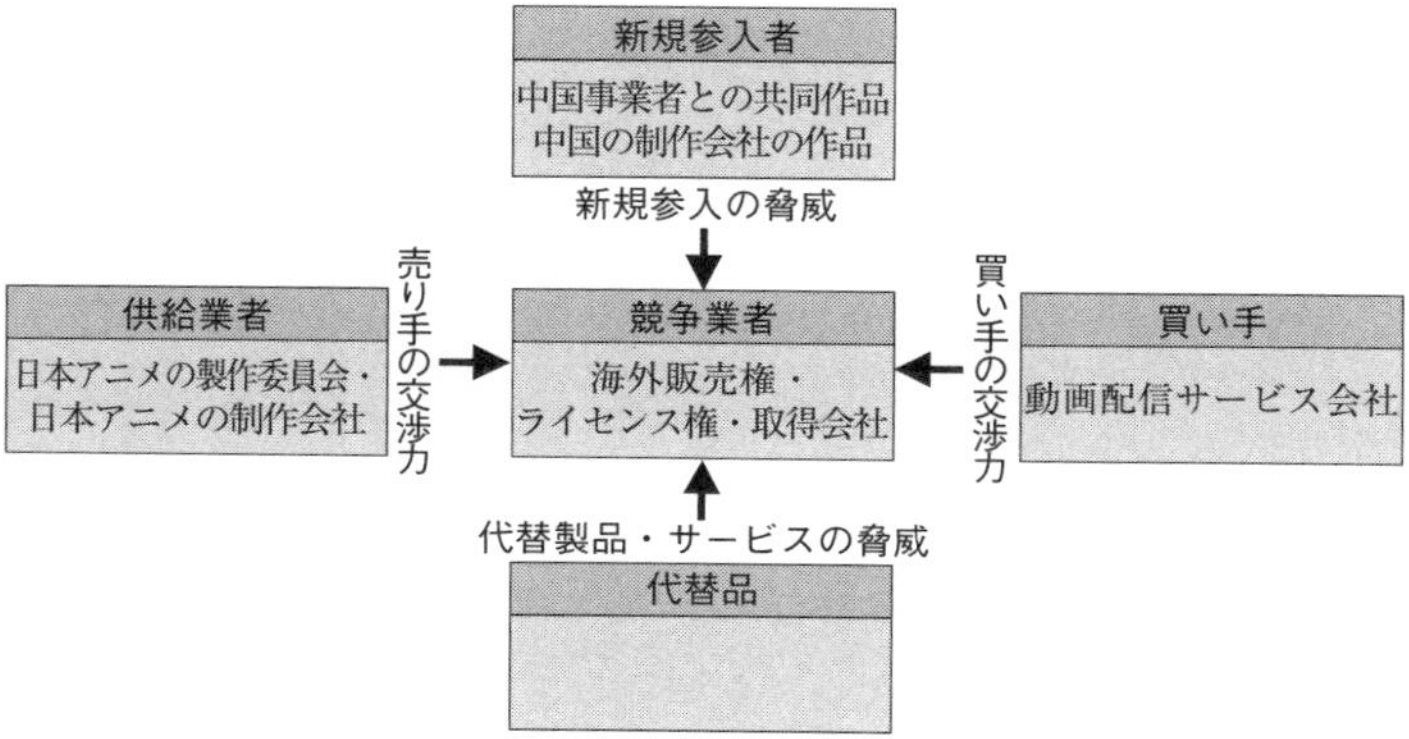

図 5−7　中国におけるアニメ配信ビジネスにおける 5 つの競争要因（2020 年）

（出所）　ヒアリング他により筆者作成。

会社が中心となって競争を展開している状況であった。

売り手の交渉力にあたる供給業者についてみると、前述した当該市場の大半を占める日本のアニメ・コンテンツを供給しているのは、日本のアニメ・コンテンツの製作委員会や制作会社である。二〇一五年当時は、日本のアニメ・コンテンツが中国におけるアニメ市場をほぼ独占していた。

買い手の交渉力にあたる動画配信サービス会社についてみると、従来と異なりアニメ・コンテンツのライセンス購入が進み、需要の高い日本のアニメ・コンテンツを求める買い手の交渉力は強いものとはいえない状況であった。

図5－7は、二〇二〇年時点の中国におけるアニメ配信ビジネスの五つの競争要因についてあらわしたものである。前述のとおり、アニメ・コンテンツのサプライチェーンが変化しており、業界構造すなわち五つの競争要因にも変化が認められる。以下では、とくに二〇一五年時点との変化を中心として五つの競争要因について考察する。

まず競争業者についてみると、日本のアニメ・コンテンツの海外販売権・ライセンス権を取得した従来のエージェント業者に加え、海外販売権・ライセンス権取得を見据えて日本のアニメ製作委員会の構成メンバーになった企業等が、競争業者のプレイヤーとして台頭してくるようになった。

売り手の交渉力・供給業者についてみると、日本アニメの需要は依然として高く、それに加えて、前述したように、製作委員会構成メンバーの企業が海外販売権・ライセンス権を取得して競争業者となるケースがみられるようになったことから、供給業者と競争業者の系列化・垂直統合の事例がみられるようになったといえる。

買い手の交渉力（垂直統合）を寡占化した動画配信サービス会社の中には、日本のアニメ製作委員会の構成メンバーに入り、中国市場の消費者ニーズを作品に反映させるケースも登場している。買い手と競争業者と供給業者が系列化・垂直統合したケースとも捉えられ、二〇一五年との比較でいえば、供給業者である日本のアニメ製作委員会の優位性は弱まり、買い手の動画配信サービス会社の優位性が強まったともいえるだろう。さらに中国政府による外国コンテンツの規制強化が進み、日本のアニメ・コンテンツの優位性は、二〇一五年時点ほど強いものではなくなっているとみることができる。

最後に新規参入の脅威についてみると、二〇一五年時点では、日本のアニメ・コンテンツが独占的な地位にあったが、前述したように中国の事業者との共同製作（日本のアニメ・コンテンツの製作委員会に中国の事業者が構成メンバーとして参画している作品を含む）による日本のアニメ・コンテンツが登場し、中国のアニメ制作会社による作品も少しずつ増加している。これからこの傾向は進展していくだろう。政府間で締結された日中映画共同製作協定に関連して、中国では海外映画の配給本数に対する制限規制を設けているが、中国企業との共同製作作品については、その制限対象に該当しなくなることから、日中共同製作という新規参入の脅威は今後も強まるものと思われる。

4 中国における日本アニメの過去・現在・未来

以上、ポーターの五つの競争要因分析に基づき、中国におけるアニメ配信ビジネスの業界構造を考察してきた。二〇一五年頃から中国政府主導のもと、海賊版の違法動画の規制を開始し、アニメ・コンテンツの購入が本格化した。それにより日本のアニメ・コンテンツが中国市場において独占的な優位性を構築することになった。しかし二〇二〇年頃になると、予め海外販売権・ライセンス権を取得する前提で製作委員会の出資構成メンバーとなる企業も台頭してきた。また買い手プレイヤーの動画配信サービス企業が、日本のアニメ・コンテンツの製作委員会の出資構成メンバーとなり、海外販売権・ライセンス権を取得するなどのケースもみられるようになっている。すなわちサプライチェーンの垂直統合（系列化）が顕在化している。その結果、垂直統合に成功した企業は競争上の優位性を獲得している。その他、中国の事業者が日本のアニメ・コンテンツの製作委員会の構成メンバーに参画するケースや、中国のアニメーション制作会社による作品が徐々に増加している。日本のアニメ産業における中国市場の重要性は不変であるが、他方で中国市場における日本のアニメ・コンテンツの優位性は、二〇一五年時点ほど強いものではなくなっている事実をみることができる。本事例より、外部環境要因の変化が、当該産業にもたらす影響について、多くの示唆を得ることができる。今後の展開をさらに注視していきたい。

【参考文献】


青崎智行・デジタルコンテンツ協会編（二〇〇七）『コンテンツビジネスin中国―変動する市場、台頭する産業―アニメ／映画／放送／ゲーム／マンガ／音楽／商標権／著作権』翔泳社。

一般財団法人デジタルコンテンツ協会（二〇一九）『デジタルコンテンツ白書二〇一九』。

一般社団法人日本動画協会（二〇一八）『アニメ産業レポート二〇一八』。

一般社団法人日本動画協会（二〇一九）『アニメ産業レポート二〇一九』。

経済産業省商務情報政策局メディア・コンテンツ課（二〇一〇）『コンテンツ産業の現状と今後の発展の方向性』。

マイケル・E・ポーター（二〇一八）『新版 競争戦略論Ⅰ』（竹内弘高監訳）、ダイヤモンド社。

横田正夫・小出正志・池田宏（二〇一二）『アニメーションの事典』朝倉書店。


（下島康史）

第6章 モンゴルの観光産業の現状と観光振興のための景観保全

1 モンゴルの基本情報

本論に入る前に、モンゴルについてごく簡単に紹介しておくことにする。

モンゴルは東アジアの内陸に位置する国であり、首都はウランバートル市という。モンゴルの面積は一五六万四一〇〇平方キロメートルで日本の約四倍の広さである。世界でも一七番目に広い国土だが、人口は約三三〇万人と少ない。となると、やはり人口密度は相当低く、一平方キロメートル当たり二人であり、世界で最も人口密度が低い国である。

モンゴルの気候は内陸性で乾燥している。年間の平均降水量は二〇〇ミリ程度。気温は冬のマイナス四〇度から日本でもよく知られているゴビ砂漠の夏のプラス四〇度までで、ウランバートル市においてはマイナス三〇度からプラス三〇度前後までとかなり幅が広い。年間平均気温はマイナス一・三度で、世界一寒い首都ということで有名である。

モンゴル経済の主要産業は牧畜業と鉱業である。二〇一九年の名目ＧＤＰは一三七億米ドルで、世界で一三三番目の大きさである。そして、一人当たりのＧＤＰは約四五〇〇米ドルで世界で一一六番目である。

モンゴルは、日本では一三世紀に大帝国を造ったチンギスハーンと、横綱の白鵬をはじめ大相撲の力士の出身国として有名なようで、モンゴルでも日本の相撲は国民に高い人気がある。

2 モンゴルの観光業界の歴史と現状

一九二一年に世界で旧ソビエト連邦（以下、ソ連という）についで第二の社会主義国となった近代モンゴルの観光業界は、一九五四年にモンゴル人民共和国貿易省観光サービス局設立にその始まりがある。一九五五年に当局は政府の政令により外国人観光局に改称され、一九五六年からはソ連から観光客の受け入れを開始した。当初は一五人の観光客がソ連から訪れ

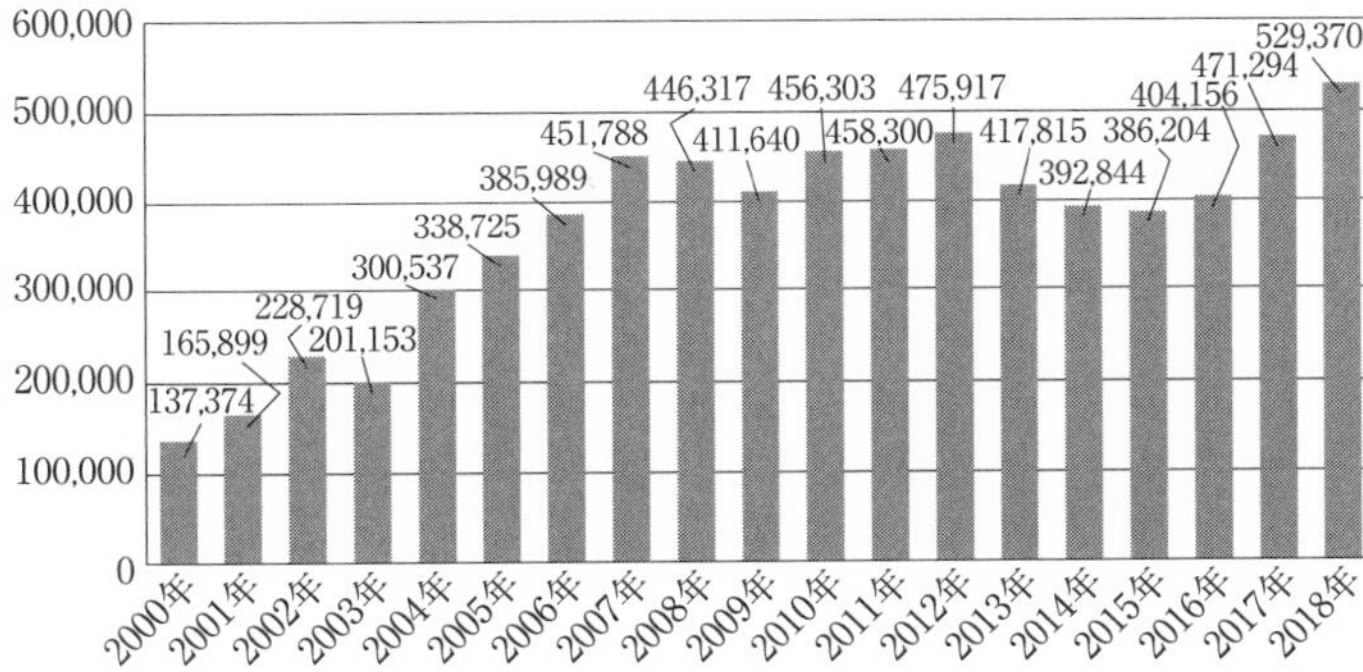

図 6−1　モンゴルを訪れた観光客数（2000 年〜2018 年）

（出所）　2015 年ウランバートル市観光局の調査より筆者作成。

たという。一九六一年には、その後長くウランバートルの象徴的存在となったウランバートルホテルがオープンした。そして一九六二年に米国からも観光客の受け入れを開始し、初回一七人を招き入れた。

民主化と市場経済への移行が始まった一九九一年に、それまで政府の一役所であった観光局をJuulchin Corporation として法人化し、観光産業の民営化が始まった。ちなみに、この Juulchin という語は「観光客、ツーリスト」という意味である。以来、モンゴルの観光産業は民間企業を中心に順調に成長してきた。現在は業界全体で二〇〇〇社前後が存在し、五万八〇〇〇人の従業員が働いている。この数字には非政府組織（業界団体などのＮＧＯ）四〇、航空会社八社、文化産業・服飾デザ

表6—1　国別モンゴル訪問者数

国名	2017年（人）	2018年（人）	伸び率（%）
1.　中国	144,070	163,991	+ 12.1
2.　ロシア	106,935	129,094	+ 17.2
3.　韓国	74,985	84,185	+ 10.9
4.　日本	22,582	20,990	− 7.6
5.　米国	16,684	17,838	+ 6.5
6.　カザフスタン	14,234	16,144	+ 11.8
7.　ドイツ	10,586	10,822	+ 2.2
8.　フランス	10,044	9,764	− 2.9
9.　オーストラリア	6,689	7,495	+ 10.8
10.　英国	6,012	5,905	− 1.8
11.　台湾	4,453	5,233	+ 14.9
12.　オランダ	3,099	3,777	+ 18.0
13.　カナダ	3,434	3,578	+ 4.0
14.　イタリア	2,974	3,192	+ 6.8
15.　インド	1,888	3,005	+ 37.2

（出所）2015年ウランバートル市観光局の調査より筆者作成。

インの会社三〇社超、ツアー会社六五〇社、ホテル一〇二〇軒（ウランバートル市内は五九二軒）、総ベッド数が一万八四八八のツーリストキャンプ二六〇軒などが含まれている。

大学で観光業を学んでいる学生数は、二一大学で合わせて一二〇七人となり、この分野の人材育成も進んでいる。二〇一八年の観光分野の総収入が五億六九〇〇万米ドルとなり、GDPの四%を占めた。また、外国人観光客数もこの年に五二万九〇〇〇人に達し（図6−1）、前年比伸び率が一一%になった。残念ながら、二〇二〇年に入ってからはご承知のとおり、全世界で広がったコロナウイルスのパンデミックの悪影響で海外からの観光客は皆無となり、国内観光がなんとか持ちこたえている状況である。

国別訪問者数では隣国の中国からの観光客が最も多く、二〇一八年は一六万人を超えている（表6－1）。これに対して、日本からは五番目に多い二万一〇〇〇人が訪れたということである。モンゴルを訪れた観光客に対してその訪問の理由を問う聞き取り調査が定期的に行われている。やはりモンゴルの大草原や遊牧民の生活をみたい、モンゴル帝国の歴史を感じたい、などが訪問理由として最も多いようである（表6－2）。

表6－2　モンゴル訪問の理由

（単位：%）

モンゴルを訪れた理由	2004年	2012年	2015年
美しい自然	53	60.7	70.3
野生の動物	20	9.4	20.5
遊牧文化	35	42.8	47.2
モンゴルの歴史	16	11.3	31.5
アドベンチャー旅行，スペシャル・インタレスト・ツアー（SIT）	19	12.1	27.7
ナーダムなどの祭り，イベント見学	5	N/A	35.2
狩猟・釣り	1	1.9	1.5
その他	4	12.4	21.0

（出所）2015年ウランバートル市観光局の調査より筆者作成。

モンゴルに適した観光形態

つまり、モンゴルではモンゴルのイメージに適した観光形態を促進すべきということであろう。モンゴルのイメージに適した観光形態として特に重点的に促進されているものとしては以下を挙げることができる：

①エコツーリズム、自然観光

②ハイキング、乗馬などのスポーツツーリズム
③文化観光、遊牧ライフスタイル見学
④宗教観光（シャーマニズム、ラマ教のお寺見学）

モンゴルの観光資源

広大な土地、美しい自然に加え砂漠、草原、山脈という複数の気候帯を有するモンゴルは歴史遺産、遊牧文化遺産、放牧産業など観光資源が非常に豊富であり、アドベンチャーツーリズム、エコツーリズム、ウィンターツーリズムの可能性も秘めている観光の成長産業が大変有望である。また、観光資源の保護、創生の目的で設けられた二三の特別保護地区があり、そういった地区内では観光業のみが認められているため観光業を規制する特別な法規が適用される。

毎年恒例の観光イベント・行事

モンゴルでは毎年七月一一日から相撲、競馬、弓の三大競技から成るナーダム祭が三日間にわたって開催されているほか、最近では、観光客がいつ来ても必ずユニークな行事を観賞

できるよう、一〇〇〇頭のラクダの祭り、ヤク、馬の競走試合、イヌワシを使ったハンティング、ホーミー、馬頭琴の演奏、フェルト作り、ゲルの組み立てイベントなど年中さまざまなイベントが開催されるようになってきている。

モンゴルの観光名所

日本人に比較的なじみのあるモンゴルの観光名所としては、首都のウランバートル市と周辺の国立公園、モンゴル帝国の首都であったハラホリンの遺跡、ゴビ砂漠、世界一透明な湖といわれるフブスグル湖、アルタイ山脈にヘンテイ山脈などがある。

モンゴル観光産業の問題点・課題

比較的新しい産業分野であるため、観光産業もやはり問題や課題をたくさん抱えている。ここでは主なものをいくつか挙げておく。

①インフラ整備が不十分（空港、鉄道、道路など）
②観光シーズンが短い（観光客の七五％が六〜九月のあいだに訪れる）
③観光商品の種類が少ない、価格が高い、差別化できていない

④観光サービスの水準や質が低い
⑤スリやひったくり、暴力事件などの犯罪が多発（治安・安全性の問題）
⑥人材（サービス業）が不足、また、教育・トレーニングの質が低い
⑦国と民間団体の連携が不十分
⑧観光データ、調査研究などが不十分
⑨マーケティング努力（新規市場の開拓）が不十分
⑩法規制が未整備

モンゴル政府の取り組み

政府は前述の観光業界が直面している問題や課題を解決すべく二〇一五年六月に策定された国家観光開発計画において次の目標を掲げている。

①観光インフラの改善（国際空港・地方空港の整備、鉄道整備、道路整備）
②地域の特色を生かした観光開発
③観光関連調査と情報システムの構築
④人材育成

表6−3　日本からの訪問者数の推移

（単位：人）

年度	2011年	2012年	2013年	2014年	2015年	2016年	2017年	2018年
人数	15,336	17,642	18,751	18,893	19,837	20,568	23,093	21,621

（出所）　2015年ウランバートル市観光局の調査より筆者作成。

⑤海外向けマーケティング
⑥モンゴル人向けの国内観光の充実

これらの目標の達成に向かって現在さまざまな方策が講じられている。例えばインフラ整備、ホテルやキャンプ場の建設が相当早いペースで進められている。

3　日本人のモンゴル観光

統計によると、モンゴルにおける外国人観光客の平均滞在日数は一五日間で、オーストラリア、英国、ドイツが最も長く、平均で一九日間であるのに対し、日本は最も短く、平均で七日間である。また、モンゴル観光の平均費用は三一八三米ドル、一日平均二〇八米ドルであるが、一日の平均出費が最も高いのが日本（一日平均四〇〇米ドル前後）、最も低いのがオーストラリアやアジアからの観光客（一日平均一七三米ドル）である。このことからは、日本からの観光客は短く、濃厚な観光滞在をする傾向が窺える。そ

表6—4　モンゴル訪問の目的

（単位：%）

レジャー・観光	82.9
親戚・友達訪問	10.7
会議出席・ビジネス	10.7
就労	0
勉学	3.6
その他	5.0

（出所）　2015年ウランバートル市観光局の調査より筆者作成。

表6—5　主要な観光目的

（単位：%）

美しい自然、景色	68.6
野生の動物	17.5
遊牧文化	41.6
モンゴルの歴史	38.7
アドベンチャー旅行・SIT	15.3
ナーダム祭などのイベント	39.4
狩猟・釣り	1.5
その他	9.5

（出所）　2015年ウランバートル市観光局の調査より筆者作成。

して、日本においてモンゴル観光への関心は高まりつつあり、年々モンゴル訪問者が増えている（表6－3）。

モンゴルを訪れる日本人観光客はなぜ増える傾向にあるのか。その理由としては次のものが挙げられる。

①両国の友好関係、日本のＯＤＡ、両国民の互いの高好感度

②週三回の直行便（飛行時間約五時間）

③日本人は短期滞在ビザ不要

④モンゴル政府のJATA Tourism Expoへの積極的な参加

ここで、二〇一五年にウランバートル市の観光局が日本人旅行者対象に実施したアンケート調査の結果を紹介することにしたい。まず、モンゴル訪問の目的を聞いたところ、やはり観光目的が一番多かった（表6－4）（複数回答可）。

次に、観光客を対象に主要な観光目的を聞いた（表6－5、

表 6−6　調査対象者の年齢

（単位：%）

年齢	15～19 歳	20～29 歳	30～39 歳	40～49 歳	50～59 歳	60～69 歳	70 歳以上	合計
	0.7	8.6	8.6	12.7	13.7	38.1	18.0	100.0

（出所） 2015 年ウランバートル市観光局の調査より筆者作成。

表 6−8　旅行期間の日数

（単位：%）

1～3 日	17
4～7 日	58
8～14 日	18
15～21 日	4
22 日以上	2
合計	100
平均日数	6.9 日

（出所） 2015 年ウランバートル市観光局の調査より筆者作成。

表 6−7　モンゴルに関する情報源

（単位：%）

観光ガイドブック	30.9
インターネット	22.3
SNS，FB，YouTube，ブログ	6.5
モンゴルを訪れたことのある知人	28.2
モンゴル人	26.2
テレビ（ニュース，ドキュメンタリーなど）	2.2
観光専門雑誌	14.4
ツアー会社	20.1
前回の旅	5.0
役所・商業会社	6.5
観光博覧会など	0.7

（出所） 2015 年ウランバートル市観光局の調査より筆者作成。

表 6−10　再訪問の意思

（単位：%）

またモンゴルに来たいか	
はい	41.0
いいえ	9.4
わからない	49.6
合計	100.0

（出所） 2015 年ウランバートル市観光局の調査より筆者作成。

表 6−9　モンゴル観光に対する満足度

（単位：%）

今回のモンゴル観光に満足したか	
大変満足した	41.0
満足した	53.2
まあまあ満足した	5.8
満足しなかった	0
全く満足しなかった	0
合計	100.0

（出所） 2015 年ウランバートル市観光局の調査より筆者作成。

表6−11　宣伝効果

（単位：%）

知人にモンゴル観光を進めるか	
可能性高い	34.5
可能性あり	54.0
わからない	10.1
可能性低い	0.7
可能性ほとんどない	0.7
合計	100.0

（出所）2015年ウランバートル市観光局の調査より筆者作成。

表6−12　モンゴル観光の平均費用

観光費用	パッケージツアー利用の場合	個人旅行の場合
平均費用	1,956米ドル	1,670米ドル
平均日数	6日	7.7日
1日平均費用	326米ドル	217米ドル

（出所）2015年ウランバートル市観光局の調査より筆者作成。

複数回答可）。

ちなみに、調査対象者の性別は男性五一・一%、女性四八・九%であり、年齢別にみると表6−6のとおりである。

表からもわかるように、年齢層が高くなるにつれ、モンゴル観光への関心度が高くなり、六〇〜六九歳で最も高く、三八・一%にも達する。では、モンゴルに関する情報はどこで入手したかという質問に回答者は表6−7のように答えている。

旅行の手配は五〇・七%がパッケージツアーを利用し、後の四九・三%は個人で手配した。モンゴルで過ごした平均日数は、二〇〇四年に七・一日、二〇一二年に六・四日、二〇一八年に六・九日とここ数年は大きく変わっていない（表6－8）。

さて、平均で一週間滞在し、モンゴル観光を満喫する日本人観光客であるが、モンゴル観光という体験に対する満足度はどうだろうか。表6－9、表6－10、表6－11によると、回答者の九四・二％が自身のモンゴル観光体験に対して満足していると答え、知人にも勧めたいという割合は八八・五％に上っている。表6－10の「わからない」という回答を「また来るかどうかわからない」という意味だとすると、「また来たい、来るかもしれない」も九〇・六％と、高い。

一回の滞在でかかっている観光費用だが、パッケージツアー利用の方が高額で一日当たり三二六米ドルとなっている（表6－12）。これは個人旅行の場合と比較して一日当たり一〇〇米ドル以上の差である。

4　景観保全の取り組み

景観保全の対象は、大きく分けて町の景観と草原の景観が問題となる。草原の景観に対象を絞っていえば、

①ツーリスト（ゲル）キャンプ（デザイン、下水、ゴミ処理）
②電柱
③看板

などが景観阻害の主な要因となる。景観保全への取り組みとして規制強化（条例の制定、ゲルキャンプ基本要件の見直し提言など）が謳われ、景観保全協力金の徴収も一つの対策方法として検討されている。

ところで、モンゴルの草原の景観保全の問題に関して桜美林大学の齋藤隆夫教授と山口有次教授ら日本人研究者がモンゴルのオトゴンテンゲル大学と共同研究（二〇一〇年〜二〇一三年）をおこなった。研究テーマのうちの一つであった景観保護法制について以下で簡単に紹介しておくことにしたい。

景観をめぐる法制度

モンゴルの憲法第一六条二には、国民は健全で安全に生き、環境汚染および自然環境の崩壊から身体を守る権利を有する、との規定がある。さらに、この規定に関連して自然環境保護に関する規定を設けた法律には、自然環境保護法（一九九五年）、都市計画法（二〇〇〇年）、建築法（二〇〇八年）、広告宣伝法（二〇〇二年）、特別保護地法（一九九五年）および特別保護地周辺地域法（一九九五年）がある。

また、制定法以外に政府は環境保護に関しては「自然環境資源の利点に基づき、資源の適切な開発に向けた伝統的及び最新の共通したやり方を両立させ、自然環境資源を復元し、景観を保護し、国民が健全で、安全に暮らせる環境を整備することを目的とする」さまざまな方針を発表している。

しかし、モンゴルの草原の景観の実際、とりわけ密集して乱立したゲルキャンプや送電線の増加などをみると、これらの法律や政府の方針が有効に機能しているとは言い難い点があるのも事実である。

景観ないし環境をめぐる紛争の動向

景観は、人間の生活環境の一部に位置付けられるが、モンゴルにおいて、草原の自然景観にかかわらず、景観をめぐる紛争が法的救済を求めて裁判の場に登場した例は、これまではないようである。一方、環境の変化により不利益を被った者の救済を求めた行動は、以前は加害者に対して直接苦情を申し出て、一定程度の賠償金などを得て示談する例が多く、なかには報酬目的に当事者に代わってそのような交渉を行ったり、デモなどを組織して加害企業に政治的圧力を加える者がいたり、必ずしも健全とは言い難い状況があったようである。

このようななかで、近年は自然破壊による健康被害を受けた住民が、加害企業を相手に損害の補填などを求めて訴えに及ぶ例が散見されるが、損害の評価などに関する訴訟手続き上のテクニックに関する経験不足もあり主張が認められることは少なかったようである。しかし二〇一二年になって、石油掘削事業の不適切な廃棄物処理により自然が破壊されたことに基づき、環境保護団体が現状の回復と損害賠償を求めた訴えに対し、現状の直接的な回復は認められなかったものの、被告の石油掘削会社に対して損害賠償を命ずる判決が出された。

この判決は、原告の当事者適格と環境保護に関する法令の不備について大きな争いがあったが、裁判所は被告である石油掘削会社の行為に不法行為の法理を適用して損害賠償を命じた、モンゴルの環境をめぐる裁判では画期的なものであるといえる。

モンゴルにおいては、景観をめぐり不利益が生じ、その補填を加害者に求め紛争となった事例は未だ生じてはいないようである。しかし、上記の判決は、将来、景観をめぐり紛争が生じた場合、そこに不法行為の法理が適用される可能性を物語るものである。

景観をめぐる法制度整備の必要性

景観は人の生活環境の一部であり、それが悪化した場合、不利益を被った者が不法行為の法理に基づき損害の補塡を求めて訴訟に及ぶことが、今後、モンゴルにおいても考えられる。しかし、損害を被った当事者への金銭賠償を中心とした事後救済はそれで済んでも、破壊された景観ないし環境の回復は別問題であり、それには多くの労力と年月を必要とする。自然景観ないし環境は、破壊による損害の補塡を考える以前に、まずは悪化を防止することに重点を置く必要があり、そのためには自然景観ないし環境を守るための法制度の整備が必要である。モンゴルには、先に述べたように、景観に影響を及ぼす建物や広告物を規制する法律は既にある。また、一定の区域の自然を保護するための法律もある。しかし、これらは個々の建造物を対象とした法律であったり、自然保護に関して抽象的な表現を用いた法律であったりする。

自然景観を中心とした景観保護には、「自然を守れ」という抽象的な規定ではなく、例えば、草原では赤い色を使ってはいけない、というような具体的な規制を用いた法律が必要であり、早急な整備が強く求められるところである。

5 観光振興のためのその他の方策

最後に、モンゴルで観光振興のために進められている話題性の高い二つの取り組みを紹介しておく。

カジノ

カジノの設置・運営は現在でも経済特区では可能であるが、実際問題としてはインフラ整備が大変遅れているためカジノに必要な環境を提供できる経済特区は存在しない。また、経済特区以外でのカジノの設置・運営は禁止されている。実はモンゴルにはカジノに関して暗い過去がある。一九九〇年制定のカジノ法の下で、以前、首都ウランバートルでいくつかのカジノが営業していたが、カジノ法制定にかかわった政治家の贈収賄が発覚し大騒動となり、カジノ法は廃止に至った。しかし、観光産業の振興のためにはやはり有効ではないかということで二〇一五年から再度カジノ法制定の動きがはじまった。ただ、日本の統合型リゾート（IR）整備推進法同様、ギャンブル依存症などを理由に反対が強い。法案内容としてはカジノ税を四〇％に定め、モンゴル人の入場不可など入場制限が設けられる予定である。

競馬場

モンゴル民族は騎馬民族であり、昔から競馬が大変人気である。そこで、日本のＪＲＡなどのような競馬場を作ってはどうかという話が出てきている。法整備・施設整備を進める必要がある。

モンゴルの観光は、これまで大草原と遊牧文化、そしてチンギスハーンを大きな資源として、それに頼ってきた傾向がある。これらをとおしたモンゴルのイメージに牽引されてはいるが、日本をはじめとしたアジア諸国、そして世界とのあいだで、国民レベルの交流を広げたことは、他の産業にみられない観光業の大きな成果である。

アジアの内陸に位置するモンゴルが、近隣の国だけでなくこれからの国際社会において理解を得ていくために、観光産業の発展は極めて重要である。ここにあげたカジノや競馬場だけでなく、さまざまな方策が必要であり、近年観光業が大きく発展している日本から、ビジネスだけでなく学術的な研究方法など学ぶことは多いであろう。

（シャグダルスレン・ズーナイ）

第7章 東アジアの観光流動の特徴とコロナ禍から学ぶ国際観光振興

「観光」をした経験のない人間は現代の日本ではきわめて少数派であろう。学ぶことが主目的ではあるが、子供のころ大いに楽しみであった修学旅行や遠足、家族とでかけた旅行、そして友人たちとの卒業旅行など、人はたくさんの観光を経験しそれぞれに長く残る旅の思い出を持っている。このように誰にとっても親しみのある「観光」ではあるが、この行為を科学的に分析してみる機会は意外にない。そこで本章では、私たちが身近な行為として行う「観光」をあらためてみつめなおし、そこからみえてくる観光の特質から、東アジア三国の国際関係の一面を浮き彫りにする。そして、執筆の時点でコロナ禍の終息が見えないなか、いわゆるｗｉｔｈコロナ時代の観光には何が求められるのかを観光振興の視点からみる。

1 観光の分析

観光とは、日常から出る行為

ではそもそも「観光」とはどのような人間の行為をいうのであろうか。「観光の定義」は、国連の機関であるＵＮＷＴＯ（国連世界観光機構）や、国内では観光庁がそれぞれ公表している。どの定義もその詳細の度合いには差があるものの概ね共通している。しかし、最も必須な項目だけをあげるとするならば、①商業的なサービスなどを受けて（購入して）、②日常の空間を離れ、③楽しむことが目的の行為、とすることができる。商業的なサービスとは、切符を買って乗車する交通機関や入場料を支払って入る遊園地や宿泊料や食事代金を支払う旅館、ホテルやレストランなどを指す。貨幣が普及していなかった時代やまだ交通機関が存在しなかった昔とは違う二一世紀の現在、この三つの条件に合致する行為は「観光」である。

では、このような「観光」という人の行為が発生するためには何が必要なのか分析してみる。人間の行動は特定の要素が揃わないと発生しない。ではどんな要素があると人間は観光するのか。図７－１はこれらの要素を表したものである。

当然ながら主体たる人間（＝「旅行者」）がいなければ観光は起きない。ここでは詳しくは触れないが人間が旅行者になるには経済力や旅行に費やす時間の余裕などがなければならない。また、行き先である「観光地」も必要である。そして、その訪問地に移動するための移動手段、また、観光地の存在、魅力を人間に伝える「情報」が必要なことも重要である。なお、これらの要素は、「平和」、「衛生」、「自由」の基礎的要素が確保されていることが前提である。戦時には楽しみを求める行為である観光は許されないであろうし、世界の国のなかには、いまだに国民が国外へ旅行することが許可されない国もある。そして、「衛生」は、コロナ禍の現在、その影響の強烈さを知ることとなった。どんなに魅力的な観光地であっても人は自分の健康が脅かされる可能性がある場所には訪問しない。

　このように「観光」の発生には必須要素があり、これらの要素がすべてそろい用意されている場合に人は

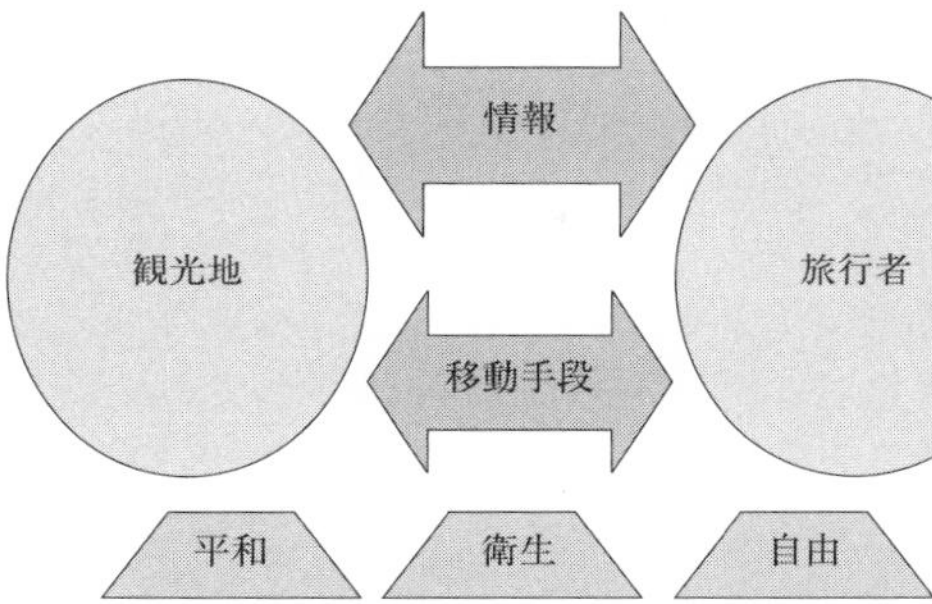

図 7－1　観光が起きるために必要な要素

（出所）　筆者作成。

観光を行う。

日常を出るための移動手段

ところで、人が移動する理由は三つあるといわれる。すなわち、①仕事や任務のための移動（学生の研究や調査、あるいは合宿等は「任務」と考える）、②楽しみを求めるための移動、そして③帰省や友人などを訪ねるための移動、である。②の楽しみを求める移動が観光の移動であり、前述のとおり移動手段は観光にとって必須の要素である。

人間は古くから河川や海で船を移動手段として使い、陸では馬や馬車での移動もしたが、産業革命で蒸気機関が発明されたことにより鉄道が誕生した以降は、人の移動手段は概ね交通機関を利用することになった。江戸時代の旅人、松尾芭蕉は徒歩で奥の細道を歩いたが現代の私たちは鉄道や自動車や飛行機を利用して移動する。したがって観光にはこれらの交通機関が必要である。

2 移動距離と旅行者

移動の長短が人に与える影響

自らの力を使っての移動は身体的な負担を人体にもたらす。一日何十キロも歩いたであろう昔の旅人の疲労はさぞかし大きなものであったはずだ。一方、交通機関を使っての移動は多少の身体的な負担はさることながら、経済的あるいは時間的な負担を旅行者に強いる。いずれにせよ、このような負担は人の判断に影響を与える。すなわち人は一般的に負担が大きい行為を避けようとする。つまり、もし移動により得られるメリットが同じであるとすれば、人は負担が小さい移動を選択するはずだ。

この考え方を利用して米国の経済学者D・ハフは買い物をする店の選択に関する「ハフモデル」を提唱した。ハフモデルの教えは、例えば、本の購入を考えている消費者が候補の三つの店舗のなかから一つを選ぶ場合、この消費者はなるべく広い売り場の店を選び、またなるべく近い店を選ぶというものだ。つまり、店を選ぶ確率は、店舗面積に比例し、店までの移動距離に反比例する。店舗面積が広ければ、自分が求めている本が売られている確率が高い。また、距離が近ければ所要時間が短くてすみ、余った時間を自分の好きなことに費やせるというメリットがある。これらの判断が消費者に働く。

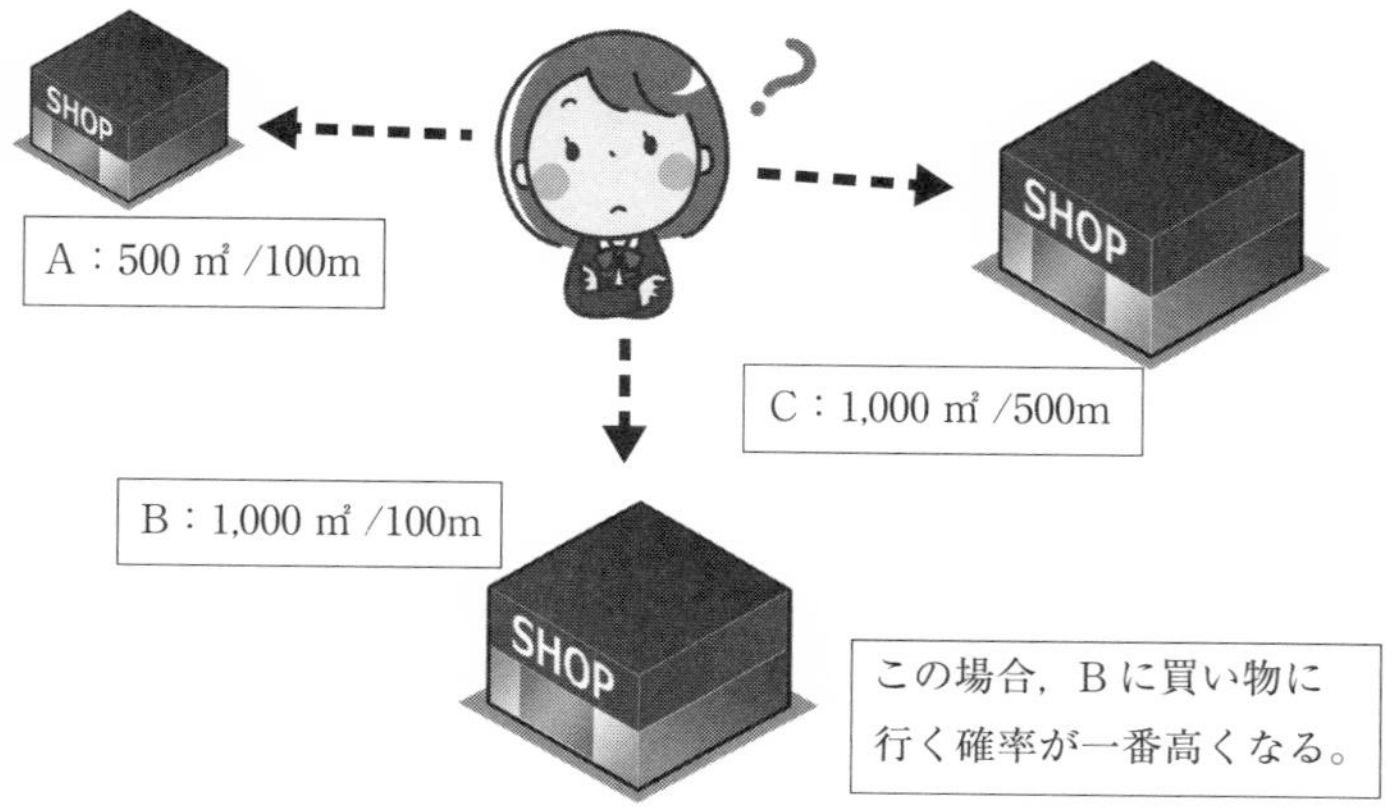

図7−2　ハフモデル

（出所）　筆者作成。

ハフモデルの観光への応用

買い物をする店舗を選択する確率がわかるハフモデルは、旅行者の訪問地選択にも応用することができる。「店舗面積」を「観光地の魅力」と置き換える。つまり、旅行者はなるべく観光魅力の大きいところへ行こうとし、一方、交通機関に長く乗らなければならないところは避けようとする。ある程度数値で表すことができる店舗面積と違って観光地の魅力度は、たしかに客観的な測定はしにくいが、それでもおおまかな大小の判断は可能である。この結果、旅行者は、魅力が一定であるならば、あるいは魅力がほぼ同一と考えられるなど、比較する必要がなければ、自分の旅行先としてより近い観光地を選ぶと想定される。

表7−1　主要国インバウンド訪問者上位国

	統計年度	1位	人数	2位	人数	3位	人数
米国	2018	メキシコ	19,188,018	カナダ	12,313,327	英国	4,930,013
カナダ	2015	米国	22,057,860	英国	733,280	中国	511,234
メキシコ	2017	米国	10,340,463	カナダ	1,985,084	英国	563,099
英国	2018	米国	3,870,000	フランス	3,690,000	ドイツ	3,260,000
フランス	2014	EU	68,436,000	スイス	6,200,000	米国	3,169,000
ドイツ	2016	オランダ	4,477,100	スイス	3,115,456	米国	3,115,456
スペイン	2018	英国	18,502,722	ドイツ	11,414,481	フランス	11,343,649
イタリア	2018	ドイツ	12,184,502	米国	5,656,740	フランス	4,737,464
タイ	2019	中国	10,994,721	マレーシア	4,166,868	インド	1,995,516
マレーシア	2019	シンガポール	10,163,882	インドネシア	3,623,277	中国	3,114,257
シンガポール	2018	中国	3,416,475	インドネシア	3,021,429	インド	1,442,242
韓国	2019	中国	6,023,021	日本	3,271,706	台湾	1,260,493
中国	2018	香港	79,370,000	マカオ	25,150,000	台湾	6,140,000

（出所）　各国観光局統計より筆者作成。

実はこのことはデータからも明らかである。表7−1は、主な国のインバウンド旅行者の上位三カ国のランキングである。つまりどの国からの訪問者が一番多いかを表している。さらにいうならば、その国に行ってみようという選択の確率は、どの国で高かったかを表している。

例えば、米国を訪れる旅行者で一番多いのはメキシコ人で二位はカナダ人である。いずれも米国と国境を接する南北の隣国である。またドイツを見ると最多がオランダ人、二位がスイス人である。これも隣接する二カ国である。それぞれの国の魅力度を考慮する必要があるが、移動距離が短い国からは多くの旅行者が訪れていることは間違いない。ハフモデルは観光に応用できると考えてよい。

3 東アジアの国際観光

日中韓の相互訪問者数

東アジアの隣国同士である日本、中国、韓国間の訪問者数もハフモデルが適用できる状況であろうか。地理的な位置関係で、特に日本にとっては、海外旅行の訪問先として至近距離にあるのは韓国と中国である、また韓国にとってもほぼ同様である。図7－3は、これら東アジア三国の相互間の訪問者数を図示している。

中国から韓国を訪問する旅行者は、韓国側の入国者データで年間約六〇二万人、また同様に日本を訪れる中国人は約九五九万人となっている。また韓国から日本へは二〇一九年の後半から外交関係の悪化があり前年より減少して五五八万人である。この外交問題の影響がなかった二〇一八年は約七五四万人であった。一方、日本から両国への渡航者数は、中国へが二六九万人、韓国へは三二七万人である。図からも明らかなように、日韓間、日中間の訪問者数はアンバランスである。韓国や中国を訪れる日本人観光客はもっと増えてよいはずだ。

これらは、入国者のデータである。国際観光において、もう一方の出国者のデータはあま

（単位：万人）

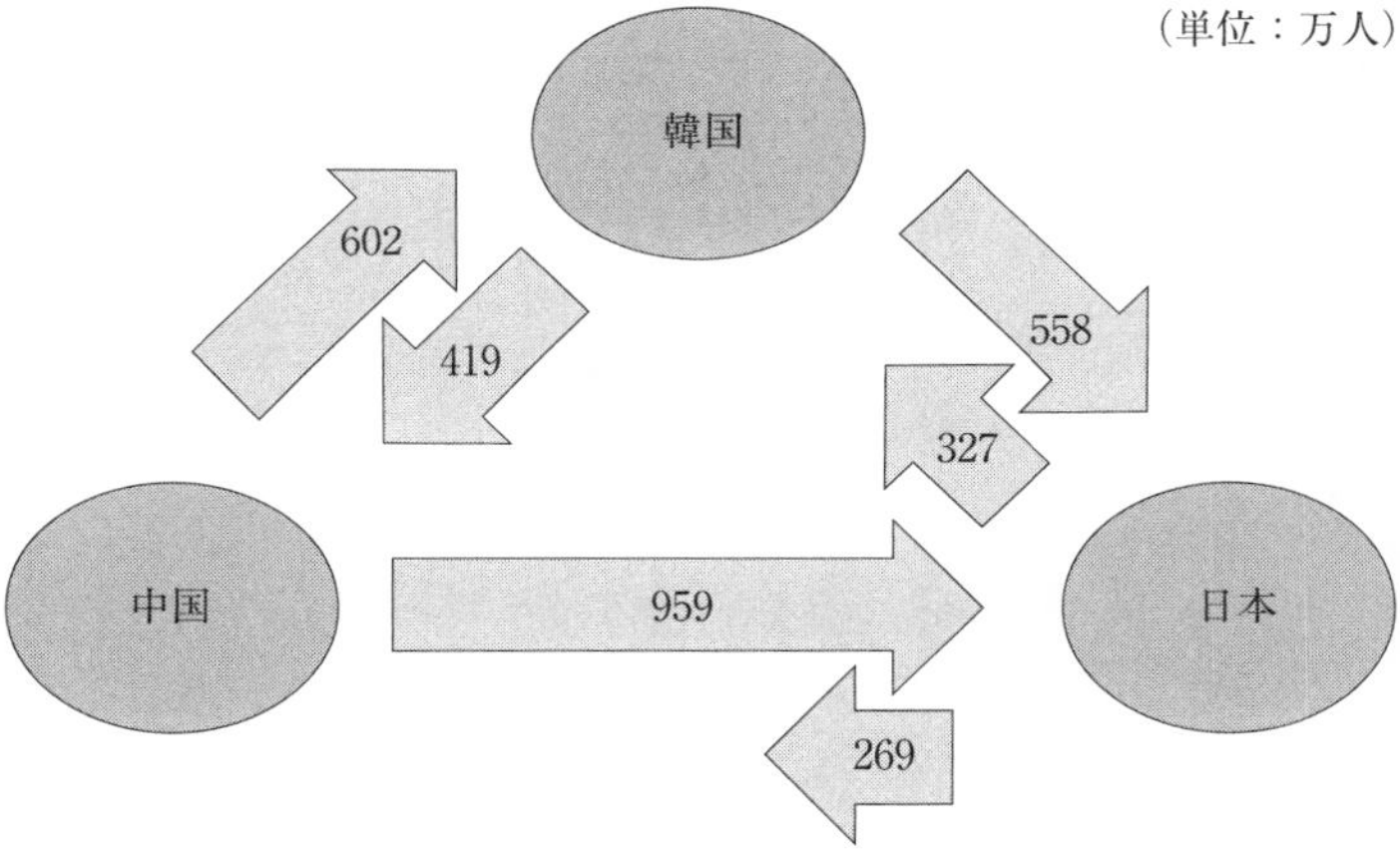

図7－3　日中韓相互訪問者数

（注）　日本と韓国は2019年，中国は2018年の数値。

（出所）　各観光局発表の統計より筆者作成。

り重要視されない。というのも、旅行者がある国に入国しようとする場合は、原則として到着空港の係官によるチェックがある。このチェックで、どの国籍をもつ人物が何人入国したかを正確に把握することができる。しかし、出国については、出発空港で、これからどの国へ旅行をするのか等のチェックは行われないのが基本である。そもそも出国者のチェック自体がない国もあるし、出国者渡航先の統計を発表していない国も多い。

表7－2はOECDがそのレポート *OECD Tourism Trends and Policies 2020* にまとめた加盟国の観光統計の

うち、出国者と渡航先のデータが記載されている主要国の統計を抜き出し、各国の全出国者にしめる隣国旅行者の比率を表したものである。例えば、米国はその隣国であるカナダとメキシコへ五〇〇〇万人強旅行しており、それは全出国者の五四・九％を占める。つまり海外渡航者の半数以上の目的地は隣国である。その他の主要国では隣国への渡航者率は低くても三〇％後半である。すなわちこれらの国々では、概ねハフモデルが当てはまる。

では、日中韓の状況はどうであろうか。

現時点で中国、韓国は出国者の渡航先統計を公開していないので、相手国からみた入国者数の出国者総数に占める割合で推計する。これによると、中国では二〇一九年に日本と韓国への旅行者は一五六一万人で、これは約八〇〇〇万人（香港とマカオへの渡航者を除く）である出国者総数の約一九・五％である。同様に、日本から中国、韓国

表７—２　主要国の隣国渡航者率

国	隣国渡航者（千人）	隣国率（％）
米国	50,790	54.9
ニュージーランド	1,397	46.7
フランス	11,368	42.2
フィンランド	3,760	39.8
オーストリア	4,526	38.1
オランダ	8,152	36.8
ドイツ	39,624	36.5

（出所）　OECD データより筆者作成。

表７—３　日中韓の隣国渡航率

国	２カ国への渡航者（千人）	２カ国率（％）
中国	15,610	19.5
韓国	9,770	34.9
日本	5,960	29.8

（出所）　各国の入国者データより筆者作成。

への旅行者は二九・八％であり、いずれも表7－3にあるOECD主要国に比べると低い。かろうじて韓国が三四・九％と三割台となっている。すなわち、日中間は、世界の主要国と比べて隣国への旅行者が少ないとみることができる。

日中韓観光大臣会合

このように東アジア三カ国間の相互観光交流が世界的にみて少ない状況にも鑑み、日中韓はこの地域での観光の量的、質的拡大を目指して「日中韓観光大臣会合」を二〇〇六年より開催している。この会合は毎年一回、各国の持ち回りで開催されることとなって、第一回は北海道で開かれた。第二回は中国の青島、第三回は韓国釜山で開催され、日本の国土交通大臣など三国の観光行政を司るトップが集まり観光拡大への施策を直接話し合った。しかし、二〇一〇年前後より領土問題が表面化すると二〇一一年に韓国平昌での会合を最後に開催は中断された。その四年後の二〇一五年に東京で第七回が開催されるものの再び領土問題から中断。その次の第八回は三年後の二〇一八年に蘇州、翌年に第九回が韓国仁川で開催されている。この観光トップによる開催状況からみても日中韓の外交・政治が観光にも大きな影響を与えていることが見て取れる。日中韓は地理的な関係からも観光交流が拡大するポテンシャルがあると想定されるものの観光をしようとする者の目的地決定に外交問題が影響を与え、結果として足かせになって伸び悩んでいる状況であると考えることができる。

また、日中韓観光大臣会合での議題はこれまで統計の整備や人材育成体制、投資環境の拡大、自治体の連携推進など、それぞれは重要な案件ではあるものの、ビジネス的、商業的要素も大きい観光の拡大には直接的に結びつきにくいテーマが多かった。これに対し、地理的な結びつきという点では東アジアの日中韓と同様のＥＵでは各国の観光政策責任者の議論により相互の観光ビジネスや観光客の交流拡大のための具体策が検討され実行されている。東アジアでは、その比較においては残念ではあるが、日中韓観光大臣会合がこの先、会を重ねていくことにより観光ビジネスに直接働きかけ、結果として相互旅行者の増加につながるような政策を打ち出すことが期待される。

4 移動距離の旅行者への影響力

これまで旅行における移動距離は観光客の多寡、すなわち観光流動量と反比例の関係にあることをみてきた。旅行者の移動距離はこのように観光に量的な影響を与えるが、また一方で質的な影響も与えることが知られている。観光学者の鈴木忠義は一九六六年に旅行者の観光目的地までの距離がその旅行者の行動などに対して影響力があることを、いわゆる観光の「ラケット理論」として発表した。ラケット理論によれば旅行者の移動距離が長くなると、目的地での観光行動範囲も広くなる。スポーツで使われるラケットの柄の部分を旅行者の移動距離に例え、打面の広さを観光行動範囲に例えたものがこの理論の名称になっている。テニスラケットと卓球ラケットを思い浮かべてみるとうなずける。テニスラケットの方が柄が長く、その分ガットを張った打面の面積も広い。旅行者は遠くへ旅行すると現地でより広い範囲の観光地へと足を延ばす。せっかく遠くまで来たのだからたくさんみておこうという心理が働くのかもしれない。移動距離と観光行動範囲は概ね正比例する。

ラケット理論によれば観光行動範囲のほかにも移動距離との関係性をもつ観光の要素がある。それが「消費性向」と「期待値」である。消費性向とは、簡単にいえば消費する額の大小であり、期待値とは旅先に対するワクワクする気持ちの強さである。ラケット理論は、いずれもが移動距離につれて大きくなると教える。つまり、旅行者は遠いところへ旅するほど多額のお金を使い、また遠いところへ行くほど、そこにはきっと自分を感動させてくれるものがたくさんあると期待する傾向にある。

本章では、特にラケット理論の移動距離と期待値との関係に注目する。かつて「遠くへ行きたい」というタイトルの歌が流行したことがあった。このタイトルが示すように、人は自分が暮らす日常空間からなるべく遠くに行ってみたいという欲求をもつようである。電車に乗って一時間ほどの駅に降りた時の感覚と、長い長い列車の旅を終えて駅に降り立った感覚とを比べてみても、感動の度合いにかなりの違いがあるのではないかと想像がつく。このラケット理論は、経験則的に正しいと思う人も多くいるはずだ。

では、人はなぜ遠くへ行きたがるのか。この疑問の答えには現在のところ定説はない。旅の目的が自分の「日常から抜け出ること」であることは、このことがさまざまな観光系の機関による観光の定義にみられることから、間違いではないと考えられる。そもそも現代に通ずる観光の形は産業革命後に始まったと考えられている。産業革命により労働者層が発生し、それまでの職人的な生活から変わって、労働者は通勤が可能な工場の近辺に住むようになり、例えば平日の朝八時から夕方六時まで決められて出勤して労働をするようになった。このように自分の生活に対して規制がかけられたことによって、人はそこから解放されたいと願うようになった。住宅と工場の往復という日常ではない空間を求めて、人々は開放的なビーチや緑の高原に身を置きたいと欲するようになったと考えられている。日常は仕事を強制されるつらい場所。人は、このつらい日常の場所から少しでも離れたいと欲するのではないか。

日常の空間を形作る要素にその地域の文化があるとすれば、文化は地理的に離れるにつれて少しずつ異なってゆく傾向を見ることができる。隣接する地域の文化は相互に影響しあうと考えられるので、近隣地域の文化には少なからず共通性がみられるはずである。隣り合う国々の言葉には共通点が多いこともその一例といえる。ところが、離れるにつれその影響は小さくなってゆき、結果として遠くの文化は自分の属する地域の文化とはずいぶんと異質なものとなっていく。このようにより遠くにある、自らの文化と大いに異なった文化に身を置くことによって人はつらい日常をより忘れられるのではないだろうか。観光に人のストレスを緩和する作用があることは研究により明らかにされていることではあるが、ではなぜより遠いところへの観光を求めるのかについては上記のような仮説も考えられる。このため、より遠いところに行くとそのようなより大きな解放の効果が得られると期待するのではないか。確かに、行ってみたい観光地の人気ランキングには、国内では北海道や沖縄、海外ではヨーロッパやオーストラリアがよく登場するが、いずれも遠い観光地が多い。人が遠い土地にもつ期待感を裏付けるものかもしれない。このようなラケット理論の教えのとおり旅人は自らの土地から遠く離れるにつれ旅の期待感が高まる。

5 新型コロナウイルスと観光

さて二〇二〇年は初頭から新型コロナウイルスの多大な影響を受け世界中の観光は概ね完全停止した。世界観光機構の発表によれば、第1四半期ですでにほぼ世界中のすべての国がなんらかの移動制限を課しており、その結果、二〇〇九年より連続して拡大を続けてきた世界の国際観光は初めて減少をみることが確実となった。また見通しとして国際観光が回復をみせるのは一年後になるとしている。一方、国内観光においても非常事態宣言の発表後多くの県で県境をまたぐ旅行を禁止したり自粛を要請したりしたため、国内観光もほぼ停止した。この影響で観光産業が多大な損失を被り、中には廃業する事業者も出てきた。観光業は、旅行会社、宿泊業、運輸業、飲食業などの売り上げにあたる観光の経済効果が大きいだけでだけでなく、これらの企業が周辺ビジネスへ支払う額を含めた経済波及効果が広く大きい業界である。観光業が止まることによって日本経済も大きな悪影響を受けることになった。このように観光ビジネスを止めてしまうことから発生する経済的な危険性を少しでも緩和するために、県境をまたぐ観光の自粛が求められるなか、県境をまたがない観光旅行、すなわち県内の観光地への旅行が奨励されることになった。多くの県で、そのような県内移動にとどまる観光旅行に対して補助金を出す政策がとられた。県内旅行者の観光行動により県内の観光産業を少しでも潤し経済に対する被害を食い止める目的である。

このような居住都道府県内の観光地を訪問する旅行を称して「マイクロツーリズム」という言葉が生まれた。マイクロツーリズムの奨励は、今まで注目しなかった地元の観光資源を見直そうという動機付けでもある。コロナ禍により鬱積された人々の旅行ニーズのせいもあり、県内旅行者は相当数いるとみられている。

では、県内旅行を、ラケット理論を通して観察するとどのようなことがいえるだろうか。マイクロツーリズムはすなわち移動距離が短い観光旅行である。ラケット理論によれば移動距離が短いため、旅行者の目的地での行動範囲が狭い。また、同じく移動距離が短いため旅行者の目的地に対する期待値は低いはずである。まず、行動範囲が狭いことによって、もし範囲が広かったら訪問しないような観光資源にも観光客が訪れることになる。例えば、普段は地域住民だけが季節のイベントや風物詩として使うような寺社にも観光客が目を向けることになる。つまり、短距離旅行者の登場によって観光資源の数が増えることが想定される。さらにいうならば、これまで観光資源として整備されていない箇所にも旅行者がやってくることになる。そしてまた一方で、そのような旅行者は短い移動距離のために観光地に対する期待度が高くない。つまり、目的地に大きな感動を必ずしも求めない。このために整備が十分ではない観光地への旅行であっても訪問する旅行者数が多くなると考えることもできる。しかし、これまで述べてきた観光の目的、そして解放を求めるための異なった文化の空間に人々が癒やされるのであるとすれば、移動距離の短い観光旅行は旅の本質からははずれるものとも考えられ、あくまでも移動が制限されている時期ゆえにみられる旅行の形とも思われる。

6 withコロナ時代の新しい観光政策

二〇二〇年の新型コロナウイルスは観光産業に多大な損害をもたらした一方で、マイクロツーリズムとも呼ばれる新しい形の観光旅行に光をあてた。しかしこの旅行形態はいわば人工的に作り出されたものであるため、人々が観光に求める本来的なニーズなどを十分に満たしているとはいいがたい。したがって、マイクロツーリズムがコロナ後にわたって今後も拡大していくとは考えにくい。とはいえ、新型コロナウイルスの終息には時間がかかり、これまでの観光が取り戻されるまでに相当の時間がかかるとするならば、近距離旅行者が訪れるような観光資源の質的向上を図り、観光ニーズが少しでも満たされるように整備することも重要になってくる。地域の観光振興当局にはこれまでは旅行者があまり多く訪れなかったような観光資源を掘り起こし、それらを整備し少しでも旅行者の満足感につながるような対策も必要になってくる。

本章の主題である東アジアの国際観光振興もここから学ぶことができる。国際観光において移動距離はそもそもある程度長いため、距離の長短による旅行者の行動範囲や期待値に顕著な差異がでるものとは考えにくいが、それでも例えば欧米からの訪日客に比べて東アジアからの訪日客は期待値が小さい可能性がある。すなわち観光地としての魅力などが十分に整備されていない観光資源にも訪問している可能性もある。もしそうであるならば、東アジアからの観光客にとっての満足感が向上するような観光地の整備を行うことによって訪問者の増加が見込め、ひいては東アジア間の国際観光の量的、質的向上が期待できる。

（渡邉康洋）

第8章 サービス・エンカウンターとこれからのホスピタリティ・ビジネス

1 モノやサービスを購入するということ

皆さんが今までに得た、最も良かったモノやサービスは何だろうか。そして、なぜ、それを購入したのだろうか。例えば、自転車を購入した場合、その理由に性能や外観、あるいは価格や誰かから勧められたということが考えられる。では、自転車を購入する目的は何だろうか。それは、通学や通勤、買い物や趣味のサイクリング、あるいはトライアスロンといった競技に出場するためといったことが考えられるが、それらの共通点は目的地への移動手段である。つまり、自転車に乗ってさまざまな場所へ行く目的のためにそれを購入するのである。

商品は、企業や組織が人々に販売するために作っているモノやコトであり、人々はその商品をある目的のために購入する。商品を購入する理由は、それらを使うことで実現できる目的にある。ある目的地に移動するということが目的であれば、自転車以外にもバイク、自家用車、タクシー、バス、トラック、鉄道、船舶、航空機などの商品を選択することもできる。商品には、自家用車などの有形なモノとタクシーに乗車するなどの目的を実現するための直接的な活動がある。

モノは有形な製品であり、サービスは目的を実現する活動を直接的に提供する商品である。タクシーに乗ってある場所からある場所へ短時間で移動することを実現する。しかし、それはモノとは異なり手元に何かが残るわけではなく無形である。そして、サービスの商品は生産（提供）と消費のタイミングが同時であり、その場限りである。モノを生産している企業がモノに付随するサービスを提供して、それによって新しい価値を生み出すことがある。現代ではサービスとモノの区別がつかない状態になりつつあり、経営の中心にサービスを据えて、サービスとモノをうまく組み合わせて新たな価値を創り出している。

ペティ＝クラークの法則（Petty-Clark's law）は、経済の成長や発展につれて、生産額や就業人口に占める第一次産業の比重が低下し、第二次産業、そして第三次産業の比重が高まることを示している。経済が成熟するにつれて、製造業からサービス業へと従事者が増加し、その生産量は増加する。そして、サービスによって生み出される価値の比率はさらに高まる。

日本のサービス業は、製造業に比べて労働生産性が低いといわれる。しかし、都市化や高齢化、デジタル化が進むなかで、システム化や自動化を進めて、人が付加価値を創出する仕事を行うようになると、労働生産性を向上させることができるであろう。

2 サービスによる価値の最大化

「サービス＝奉仕」という考え方が強く、サービスは無料だと思う感覚がある。製造業が行うサービスはモノに付随するものと捉えて、買い手はモノの価格にサービスの価値をなかなか上乗せしないものである。製造業が行うサービスは、モノを売ることによる利益だけではなく、モノの売り上げを伸ばすために付随するサービスや、モノを販売した後に行うサービスにより、さらにモノの価値を高めることができる。モノが売れた時にのみ収益を得る機会があるため、多くの製造業は次から次へとモノを売ることを考えるが、販売したモノに対して定期的にメンテナンスを行うことにより、さらに収益を得ている企業も存在する。

製造業といえどもサービスにより顧客価値を上げることができることを示し、どのようにモノとサービスを組み合わせれば、収益が最大化できるのかを考える必要がある。その意味では、企業がビジネスの収益源を、モノかサービスといった二分法で区別する合理性は乏しいと思われる。

グッズ・ドミナント・ロジック（goods-dominant logic）は、製造業がモノを売るためにサービスを行うというモノ中心の考え方である。自社の技術を基点にするプロダクトアウト（product out）あるいは、マーケットの顧客のニーズを基点にするマーケットイン（market in）、どちらもモノの良し悪しにより製品の成否が決まるような仕組みであり、グッズ・ドミナント・ロジックに基づく考え方である。それに対して、サービス・ドミナント・ロジック（service-dominant logic）は、製造業がサービス化を進めることにより新たな価値やビジネスの機会を創造する考え方である。例えば、その製品が使用される場面を想定し、顧客がその製品を使用した時の価値を最大化しようと考えることにより、どのようなサービスを行うと顧客価値が高まるのかを考えることである。

企業はモノを販売して儲けるのではなく、顧客との関係性を構築して、積極的に新しい製品やサービスを紹介しながらその顧客を囲い込むことにより、継続的に収益を上げる仕組みを構築している。それは、プロダクトアウトやマーケットインといった発想で製品を販売することにより儲けるのではなく、顧客との関係性の構築を主体に儲ける仕組みである。モノもサービスも一緒に考え、それぞれを組み合わせることにより新たな価値を生み出す。モノの特性をサービスと組み合わせることにより、さまざまなビジネスの機会が生まれる。そして、モノとサービスによって価値を最大化するには、顧客の情報を得ることにより新たな価値を生む機会を増やすことが重要になる。

3 サービスの特性と品質評価

サービスには、購入前に買ったり、触ったり、味わったりすることができない「無形性（不可触性）」という特性がある。そのため、利用者に対して目に見えるサンプルで対応する必要がある。また、提供者によるサービスの提供と利用者のサービスの利用とを別々にすることができない「不可分性（同時性）」という特性がある。そのため、サービスの提供者と利用者のそれぞれがサービスの一部となり、価値を創り上げていくというプロセスに対するマネジメントが必要になる。そして、サービスは多くの場合、直接、人によってその場で提供される。つまり、そのサービスを、誰が、いつ、どこで、誰に提供するかによって、提供されるサービスの内容が変わってしまう「異質性（変動性）」という特性がある。そのため、人材育成やマニュアルの作成、あるいは機械化などを通して、バラツキが生じないようにするための工夫が必要になる。また、蓄えておくことができない、つまり在庫ができない「消滅性」という特性がある。そのため、サービスの利用における繁閑の分散化も必要になる。

サービスは、サービス提供者のサービスを何度か受けてみなければ、その良し悪しを判断できない「経験財」、あるいは購買後でも品質がよく理解できない「信頼財」でもある。消費者に理解できる期待を抱かせて、それを実現するわけであるが、購入前に品質を評価できない場合は、購入後に確定される品質は大変重要なものになる。そして、その実現された品質と期待された品質との差が顧客満足になる。

サービス品質の測定基準であるSERVQUALは、以下の五つの次元からサービス品質を捉えている。それらは、①有形的要素（Tangibles：物理的な施設や設備、従業員の外観）、②信頼性（Reliability：約束されたサービスを信頼でき、正確に実行できる能力）、③反応性（Responsiveness：顧客を支援し、迅速なサービスを提供する意欲）、④確実性（Assurance：従業員の知識と礼儀、信頼と自信を鼓舞する従業員の能力）、⑤共感性（Empathy：サービス提供組織が顧客への気遣いや顧客ごとの注意を払うこと）という五つの次元である。

サービス品質の評価において、SERVQUALでは、消費した後の事後評価と知覚品質との差や満足度によりサービス品質を規定している。そして、その満足度によって次回購入時の知覚品質が形成される。また、サービス品質の評価には、品質と直接関係する手掛かりである「内在的手掛かり」と品質と直接関係しない手掛かりである「外在的手掛かり」の利用がある。他に、的確に品質を評価する第三者による評価や、他の商品との区別や一定の品質を示す証しとなるブランドの活用もある。

4 サービス・エンカウンター

「消費する経済」から「経験する経済」へ移行するにつれて、サービスを提供する場での経験が決定的なものとなっている。経験経済では、経済システムの変化を、コモディティ(commodity)、製品、サービス、経験として捉えている。コモディティ化は、商品の差別化が難しく、画一化されている状態であるが、経験経済ではモノを所有するものではなく、経験をすることに対して喜びを感じるのである。経験経済を担う企業は、製品やサービスそのものではなく、それをベースにして顧客の中に形成される経験を提供する。

「モノの生産・販売あるいは取引」は、事前に工場で作られた商品が店などを通して私達の手元に届く。一方、「サービスの提供あるいは取引」は、企業や組織が行う商品の提供と私達の利用が互いに出会いの場をもつなかで同時に行われる。つまり、やりとりがその時、その場で生じることになる。サービス経営においては、その価値が提供者と利用者の相互のやり取りと経験のなかで創り上げられていく。顧客とサービス提供者が出会う場であるサービス・エンカウンター（service encounter）は、サービスが同時に生産され消費されるプロセスにおいて、サービス提供者の管理する環境下で、顧客とのあいだに何らかの側面で直接的な相互作用が発生する一定の期間である。そこでは、顧客がサービスと直接的な相互作用を起こしている一区切りの時間単位のマネジメントが重要になる。

サービス・エンカウンターにおける可視的な要素には、「顧客接点の従業員」とサービス設備等の「物的な環境」、そして「サービスを受ける顧客」がある。それらに加えて、「その場に居合わせる他の顧客」と、不可視的であるが重要な要素となる「サービスの提供を背後で支える内部のシステムや組織プロセス」がある。サービスの成果は、これらを構成する多数の要素をつなぎ合わせた結果である「便益の束」として生み出される。

サービスの特性である生産と消費の同時性から、顧客はサービスの共同生産者といえる。サービスの提供プロセスにおいて、サービス組織と顧客とのあいだで相互作用が生じるが、その場面は、顧客によってサービス品質が判断される「真実の瞬間」となる。顧客の受けるサービスは、サービス・スタッフと顧客のサービス・コンタクトにおける相互作用と、物的なサービス環境から創出される。相互作用には顧客の目に触れない組織での出来事や、サービスを経験する場にいる他の顧客の存在などにも影響を受ける。サービスは、提供されるプロセスに関係する多数の要素を積み上げた最終的な成果である。サービス・エンカウンターでは、サービス・スタッフと顧客のそれぞれにある役割を両者がうまく調和できることが求められる。そして、決められた行動手順に従って、サービスの組み立てのプロセスで規定されている役割を十分に果たせるかどうかにより、顧客満足度やサービスの生産性にも影響する。

5 サービス・マーケティング

マーケティングは、市場創造に向けた企業活動である。マーケティングの活動には、製品(product)、価格(price)、流通(place)、プロモーション(promotion)といった四つの要素がある。サービスの取引においては、これらの四つの要素に加えて、参加者(participants)である従業員と顧客、物的な環境(physical evidence)である建物などの有形の要素、サービスの組み立てプロセス（process of service assembly）であるサービスの提供過程が加わる。そして、マーケティング活動をこれらの要素に分けて捉えると同時に、自らが創造したい市場像とそれらの活動の組み合わせに対する一貫性をマーケティング・ミックス（marketing mix）として考える。

サティスファクション・ミラー（satisfaction mirror）は、顧客満足と従業員満足が相互に影響を与え合うと考えるフレームワークである。あらゆるビジネスに応用が可能であるが、特にサービス業で重視される。顧客側と従業員側についてみると以下のようになる。「リピート・オーダーの増加」に対して「顧客ニーズとその対応方法の学習」、「ミスや不満点に対する苦情」に対して「リカバリー機会の増大」、「顧客満足度の向上」に対して「従業員満足度の向上」、「サービスの獲得コストの低下」に対して「従業員の生産性の向上」、「目に見えるアウトプット」に対して「提供サービスの質の向上」といった鏡面効果である。その好循環はいったん回り出すと後は自律的に回り出すため、ビジネスの初期に従業員満足を高める施策を行うことが望ましい。ただし、仕事においてそんなに工夫をしなくても、競争があまりないために十分な給与が得られる場合など、従業員の満足度が高いことがそのままサービスの質に反映されないという事態も起こり得る。真に高い品質のサービスが提供されているか、あるいは顧客が満足しているかをしっかりと測定することが肝要である。

サービス・プロフィット・チェーン（service profit chain）は、サービス業におけるさまざまな経営指標間の因果関係を明らかにしてモデル化したものである。サービス・プロフィット・チェーンのベースとなる因果関係は、以下のようになる。①サービス企業の社内サービスの質が従業員満足に影響を与える、②高い従業員満足が高い従業員ロイヤルティを生む、③高い従業員ロイヤルティが従業員の生産性を高める、④高い従業員の生産性がサービスの価値を高める、⑤高いサービスの価値が高い顧客満足を生む、⑥高い顧客満足が顧客ロイヤルティを高める、⑦高い顧客ロイヤルティが企業の成長や高い利益率といった業績向上につながる。

このように、従業員満足度と顧客満足度を含む、好循環を描くメカニズムを構築することが、売り上げや成長、さらには高収益につながることを表している。従業員の満足度やロイヤルティが最も効いてくるのは、その会社の経営理念であり組織文化である。経営理念に共感し、良き組織文化を感じられることが重要となる。

6　これからのホスピタリティ・ビジネス

コロナ禍に見舞われる前、世界の海外旅行者数は一四億人を超えていた。そして、世界の

GDP（国内総生産）の一割を宿泊・飲食サービス等のホスピタリティ・ビジネスを含む観光産業が占めており、世界の全雇用の一割に相当する雇用に貢献していた。『令和二年版観光白書』によると、二〇一九年の日本人と訪日外国人旅行者による日本国内における旅行消費額は、二七・九兆円である。そのうち、訪日外国人旅行者の消費額は四・八兆円であり、全体の一七・二％である。つまり、八割以上は日本人による国内観光である。コロナ禍で人の移動がままならない今は、観光需要の回復に向けて国内に目を向けて準備を着々と進めることになる。

コロナウイルスと共存する時代の観光行動において、どうしても「三密（密閉・密集・密接）」を控えるようにしなくてはならない。「密閉」は窓がない、あるいは換気ができない場所を意味する。これらに該当する観光施設では、部屋の広さにかかわらず換気に努め、観光客も公共交通機関を利用する際には、車内の窓を開けるなどの協力が求められる。また、多くの人が集まり、少人数でも近距離で集まると「密集」になる。そのような場所では、手を伸ばした時に届かないくらい十分な距離をとる必要がある。飲食店ではテーブルの数や席数を減らして営業しているが、向かい合って座らずに互い違いや横並びで座ることも必要となる。お互いに手が届く距離で話したり、声をあげたり、運動したりすると「密接」になる。

これは場所を限定することなく、どんな場面でも起こり得ることである。そのような状況においては、マスクの着用と十分な距離を保つことが求められる。

ホスピタリティ・ビジネスである飲食店も「三密」への対策を講じながら営業している。密閉した空間、密集した場所、密接した場面を避けて、接触機会の減る中食による販売を進めている。新たにテイクアクトやデリバリーのサービスを始め、それを顧客に対して周知することが課題となる。Webを中心に、関連したプラットフォームなどの支援による、オンラインでのアプローチが行われていたり、グルメサイトにはテイクアウトに対応している飲食店を検索できる特設ページも存在する。コロナ禍において飲食店が始めたテイクアウトやデリバリーを一過性のものと考えるのではなく、それはコロナが終息した後に顧客との接点を増やすことのできる先行的な投資にもなるだろう。

二〇二〇年四月に発出された緊急事態宣言が翌月に解除され、それから二カ月ほど経過した七月頃から、ホテル等でブッフェ形式の食事を提供している飲食店が営業を再開した。本来ブッフェは、顧客が好きな時に好きなものを好きなだけ食べることができる、主体的・能動的な食事方法である。そのブッフェも「新しい生活様式（新常態）」を採り入れて提供されている。感染防止策として、テーブルや座席等の什器備品の消毒はもちろん、空気循環システムにより店内の空気をこまめに入れ替え、メニューをＱＲコードから読み取る形式のものにして、トングやサーバーをひとりのゲスト専用に、あるいは定期的に交換して、使い捨てのビニール手袋も用意している。テーブルにはマスクケースを用意して、テーブル以外の場所でのマスク着用を促す。飛沫感染防止の什器を整備して、入店時の検温に対する協力も依頼する。店舗における食事を予約制や入れ替え制にして、席数を従来の五〜六割に縮小して営業している。ブッフェボードに人が集まり密接になる状況を避けるために、一方通行や足跡ステッカーを床に貼るなどソーシャルディスタンスを保っている。ワゴンサービスによる客席までのデリバリーや、ゲストの目の前で調理する「ライブステーション」の設置や拡大を図っている。そのため、新たに什器備品の購入が必要となり、スタッフの作業量も増加するなかで、従来と比較して座席数や売り上げが減少する。しかし、安心・安全な料理の提供に努めて、料理の品質や食事の演出を高めて顧客の満足度を高めることにより、それを価格に反映できる。そして、これらはゲストにも店舗にも望ましい進化を遂げていく。

ワーケーションは、「ワーク（work）」と「バケーション（vacation）」を組み合わせた造語である。それは、リモートワークを行いながら休暇をとる労働形態を意味する新しい働き方でもある。ワーケーションは業務を行う場所や時間に制限がなく、休暇も取りながら働くことであり、これらに制限のあるテレワークやリモートワークとは異なり、新しい生活様式のなかで注目されている。

厚生労働省によると、日本の年次有給休暇の取得率は二〇〇一年から五〇%を割り、二〇一八年から再び五〇%を超えるようになったが、それでも二分の一程度である。ＩＣＴ（情報通信技術）の発達により、オフィスでなくてもインターネット環境さえあれば仕事ができるようになった。ワーケーションは、「働き方改革」にもつながり、ワーク・ライフ・バランスが重視されている時代に長期休暇を取得しやすくなり、リフレッシュしながら家族と過ごす時間も確保できる。業務にメリハリをつけて集中し、仕事の効率を図ることで生産性の向上にも寄与する。また、リフレッシできるなかで新たな発想が浮かび、旅行先での経験が仕事に活きる可能性もある。

その反面、オンとオフの切り替えがうまくできないと逆に疲労感がたまるとともに、勤務体制の管理が難しくなる面もある。ワーケーションの導入前に勤務体制の管理方法を徹底し、勤怠を管理するシステムの導入も必要となる。旅行先ではインターネット接続環境が必要となり、社内の情報を社外に持ち出すため、社外業務に対するセキュリティ対策を行う必要もある。また、上司や同僚とのコミュニケーションがオフラインと比較するとコストがかかり、仕事の結果を重視する人事評価制度の採用など整備を伴うことになる。

ワーケーションは、働き手のみならず、訪れた地域にワーケーションを支援するパッケージやスポット、コワーキングスペースや、企業を誘致している事例など、地域振興にもつながる。星野リゾートでは、長期間連泊で宿泊すると割安になるプランを全国で発売し、ワーケーションに適したワークスペースやアクティビティも用意している。三菱地所は、南紀白浜や軽井沢にワーケーションサイトを開設し、北海道下川町は、気候や森林資源を活かして、地方のサテライトオフィスを検討している企業の誘致に積極的である。総務省は、都市部の企業から人材や仕事を地方のサテライトオフィスやテレワークセンターに移転し、地方での起業や消費、子育て、介護、社会参加を行うことを目的に、それらのための環境整備に必要な費用を一部補助する「ふるさとテレワーク」事業を推進している。

「DBJ・JTBFアジア・欧米豪訪日外国人旅行者の意向調査（二〇二〇年度新型コロナ影響度特別調査）」によると、新型コロナ終息後における海外旅行の意向は、アジア居住者で八六%、欧米豪居住者で七四%と強く、アジアを中心に「リラックスや癒やしを得たい」、「海外で体験したいこと」を求める回答が多い。また、上昇傾向にある海外旅行予算とともに、滞在日数も長期化するという回答も相対的に多い。新型コロナ終息後に観光旅行をしたい国や地域として、日本はアジアでは一位、欧米豪でも二位と人気が高い。日本を訪問先として希望する理由は、他の国や地域と比較すると「清潔さ」が高く評価されているようである。日本の良さでもある「清潔さ」を強みとして活かして、その取り組みを多言語で発信することが重要となる。日本に長期滞在して消費額も多い訪日外国人旅行者の取り込みに繋げられるように、今からしっかりと準備を行いたい。

観光サービスのマーケティングにおいて、インバウンド客や遠距離からの観光客を誘致する以前に、まずは近隣地域からの利用や大切にしたいリピータ客を増やし、人の行き来の広がりとともに、遠距離からの観光客やインバウンド客を誘致して行くことになるであろう。観光キャンペーンも展開されているが、近隣の方に来ていただくという意識をもち、遠方や海外の方々ではなく、近隣の方々を対象とした観光商品の開発を考案することも必要である。

特に人口の減少が進む地方では、観光業が衰退したら地域の持続ができなくなるほど、観光業が果たす役割が期待されている。地元から出ることが難しい今だからこそ、官民が連携して地域全体の結束を強めて、情報を一元管理して共有することで新たなプロモーションを展開できる可能性もある。第一次・第二次・第三次産業が融合し、第六次産業化も進んでいる。生産者である農林水産業が加工や流通販売も行っているが、地域の観光を創造しているステークホルダーが客となることで、地域の魅力の再発見にも繋がる。

観光立国の基本理念は「住んでよし、訪れてよしの国づくり」である。観光サービスにおいては、低価格販売による集客数の増加といった量的な対応から、その地域らしさやブランド価値、上質感といった質的な対応が求められる。各地域がその魅力を掘り起こして、ビジョンと結束力を有しながら来訪を誘引することが必要になる。

ホスピタリティには親切なもてなし、歓待、厚遇といった意味がある。それは、もともと異文化との交流に触発されて発展したものである。世界の地域によっては、ホスピタリティを具現化する際の精神的な基盤に対して相違がみられるかもしれない。しかし、人と人との交流面においては、互いに存在を認め、信頼関係を構築し、さらなる互いの発展を期待するということに変わりはない。

【参考文献・引用文献】

観光庁（二〇〇二）『令和二年版観光白書』(https://www.mlit.go.jp/statistics/file000008.html)。
厚生労働省「就労条件総合調査　年次有給休暇の取得状況」(https://www.mhlw.go.jp/toukei/list/11-23c.html)。
総務省「ふるさとテレワーク」(https://telework.soumu.go.jp/furusato-telework)。

日本政策投資銀行「ＤＢＪ・ＪＴＢＦアジア・欧米豪訪日外国人旅行者の意向調査（二〇二〇年度新型コロナ影響度特別調査）」（https://www.dbj.jp/topics/investigate/2020/html/20200818_202801.html）。

Ｂ・Ｊ・パインⅡ、Ｊ・Ｈ・ギルモア著、岡本慶一、小高尚子訳（二〇〇五）『「新訳」経験経済―脱コモディティ化のマーケティング戦略―』ダイヤモンド社。

星野リゾート「テレワークにおすすめ！　星野リゾートの特別滞在プランをご紹介」（https://www.hoshinoresorts.com/information/topics/2020/03/85985.html）。

北海道下川町「下川町企業誘致特設サイト takuramo タクラモ」（https://www.town.shimokawa.hokkaido.jp/section/kankyoumirai/takuramo/）。

三菱地所「WORK × ation」（https://workxation.mec.co.jp/）。

Parasuraman, A., V. A. Zeithaml, and L. L. Berry. (1988). *SERVQUAL: A Multiple-Item Scale for Measuring Consumer Perceptions of Service Quality.* Journal of Retailing, 64 (1). pp. 12–40.

Vargo, Stephen L. and Robert F. Lusch. (2004). *Evolving to a New Dominant Logic for Marketing.* Journal of Marketing, 68 (January). pp. 1–17.

（五十嵐元一）

渡邉康洋（わたなべ・やすひろ）第7章担当
日本大学大学院総合社会情報研究科国際情報専攻修士課程修了，修士（国際情報）
桜美林大学ビジネスマネジメント学群教授
『本気で観光ボランティアガイド』（単著）論創社，2020年
『東アジア地域統合の探究』（共著）法律文化社，2012年

五十嵐元一（いがらし・げんいち）第8章担当
北海学園大学大学院経営学研究科経営学専攻博士後期課程修了，博士（経営学）
桜美林大学ビジネスマネジメント学群教授
『テキスト現代経営入門（第2版）』（共著）中央経済社，2020年
『現代マーケティングの理論と応用』（共著）同文舘出版，2009年

桜美林大学ビジネスマネジメント学群教授

『アジアダイナミズムとベトナムの経済発展』（共著）文眞堂，2020年

『メコン地域開発とアジアダイナミズム』（共著）文眞堂，2019年

董　光哲（トウ・コウテツ）第4章担当

桜美林大学大学院国際学研究科博士課程修了，博士（学術）

桜美林大学ビジネスマネジメント学群准教授

『中国の上場会社と大株主の影響力—構造と実態—』（単著）文眞堂，2017年。

『企業統治論—東アジアを中心に—』（共著）税務経理教会，2014年。

下島康史（しもじま・やすし）第5章担当

桜美林大学大学院国際学研究科国際関係専攻博士課程修了，博士（学術）

桜美林大学ビジネスマネジメント学群准教授

『レジャー市場におけるエリア・マーケティング研究』（単著）図書出版くんぷる，2008年

『観光・娯楽・スポーツ（郷土史大系）』（共著）朝倉書店，2021年

Shagdarsuren Zuunai（シャグダルスレン・ズーナイ）第6章担当

東京大学大学院法学政治学研究科修士課程修了，ミシガン大学ロー・スクールにてLL. M.取得。弁護士（モンゴル）

『中小企業と企業統治』（単著）Credit Guarantee Fund LLC，2014年

【著者紹介】

【編著者】

山口有次（やまぐち・ゆうじ）第2章担当

早稲田大学大学院理工学研究科博士後期課程修了，博士（工学）

桜美林大学ビジネスマネジメント学群教授，学群長

『新 ディズニーランドの空間科学』（単著）学文社，2015年

『観光・レジャー施設の集客戦略』（単著）日本地域社会研究所，2008年

『レジャー白書』（共著）日本生産性本部，1990～2021年

戸崎　肇（とざき・はじめ）第1章担当

京都大学大学院経済学研究科博士後期課程修了，博士（経済学）

桜美林大学ビジネスマネジメント学群教授

『ビジネスジェットから見る現代航空政策論』（単著）晃洋書房，2021年

『観光立国論』（単著）現代書館，2017年

『エアライン・ビジネス入門（第2版）』（共著）晃洋書房，2021年

【著者】

Do Manh Hong（ド・マン・ホーン）第3章担当

桜美林大学国際学研究科国際関係専攻博士課程修了，博士（学術）

観光・レジャーによるアジアの地域振興

■発　行――2021年10月15日初版第1刷

■編著者――山口有次・戸崎　肇

■発行者――中山元春

■発行所――株式会社芦書房

〒101－0048東京都千代田区神田司町2－5
電話03－3293－0556　FAX03－3293－0557
http://www.ashi.co.jp

■印　刷――モリモト印刷

■製　本――モリモト印刷

ISBN978-4-7556-1319-7 C0033